台湾历史系列丛书

U0781598

台籍革命伉俪

徐 康＼著

台海出版社

图书在版编目（CIP）数据

台籍革命伉俪 / 徐康著 . -- 北京：台海出版社
2018.1
ISBN 978-7-5168-1726-1

Ⅰ . ①台… Ⅱ . ①徐… Ⅲ . ①革命人物－生平事迹
台湾－近现代 Ⅳ . ① K827

中国版本图书馆 CIP 数据核字（2017）第 318072 号

台籍革命伉俪　　　　　　　　　　　　台湾历史系列丛书

著　　者：徐　康　　　　　　　策　　划：吴艺煤

责任编辑：俞滟荣　　　　　　　　　装帧设计：彭　彭
版式设计：唐　艳　　　　　　　　　责任印制：蔡　旭

出版发行：台海出版社
地　　址：北京市东城区景山东街 20 号　　邮政编码：100009
电　　话：010 － 64041652（发行，邮购）
传　　真：010 － 84045799（总编室）
网　　址：http://www.taimeng.org.cn/thcbs/default.htm
E-mail：thcbs@126.com

经　　销：全国各地新华书店
印　　刷：北京毅峰迅捷印刷有限公司
本书如有破损、缺页、装订错误，请与本社联系调换

开　　本：787mm×1092mm　　　　　1/16
字　　数：208 千字　　　　　　　　印　　张：13.5
版　　次：2018 年 1 月第 1 版　　　　印　　次：2018 年 1 月第 1 次印刷
书　　号：ISBN 978-7-5168-1726-1

定　　价：68.00 元

前言
PREFACE

2015年金秋十月，笔者以作者身份在北京参加纪念台湾光复70周年《台湾同胞抗日丛书》出版座谈会，并荣幸地接到台盟中央宣传部门的邀请，开始着手研究课题《台籍革命伉俪》。台籍抗日志士是大家熟悉的一个群体，不过，关于台籍伉俪携手抗日的故事，可能人们知之不多。以人们熟悉而又陌生的台籍伉俪作为研究对象，这是台盟策划本课题的新颖独到之处，这无疑是一个极具吸引力的课题。台盟主动承担本课题图片收集整理工作，帮助笔者联系受访的伉俪亲属，并提供了许多相关史料。对笔者而言，能有机会再度与台盟合作，既是一份沉甸甸的信任，亦是一份重于泰山的责任。回望台籍抗日伉俪的人生足迹，他们见证了波云诡谲的中国近现代历史风云，以数十载沧桑人生路抒怀中华儿女的赤子之情，具有强烈的中华民族意识和家国情怀。只有用心感悟经历抗战烽火的台籍伉俪，才能走进他们的心灵世界，才能读懂他们蕴藉于胸的强烈祖国情怀和故乡情愫。笔者研读他们的人生经历，时常被感动，敬慕之情油然而生。

一部台湾近代史，实际是中华民族抗争史的一部分。1895年甲午战败，清政府将中国领土台湾割让与日本。台湾人民与日本殖民当局抗争半个世纪，台湾人民明知不可抗而固抗之的爱国精神令人钦佩。台籍医生蒋渭水、李伟光等认识到，根治台湾社会之病是当务之急，蒋渭水并在日本法庭上强调，台湾人具有中华民族的血统，这是不可否认的事实。谢雪红等台籍青年参加中国共产党领导的五卅运动，提出"收复台湾"的口号。台籍黄埔生李友邦在孙中山先生支持下组建台湾独立革命党，主张"台湾要独立，也要归返中国"。台湾人民把脱离殖民地的希望寄托在祖国身上，他们渴望重回祖国怀抱。

中国人民抗日战争爆发后，台湾人民大声喊出了心里的铮铮誓言——"保卫祖国，收复台湾"。在中华民族的抗日战争中，台湾人民没有缺席。"九·一八"事变发生后，台籍仁人志士谢南光、宋斐如、李伟光等投身于祖国大陆的抗日救亡运动，他们的伴侣给予全力支持；七七事变发生后，台籍军人李友邦、蔡啸、林正亨等奔赴抗日前线，他们的伴侣或共赴国难，或挥泪送郎上战场；台籍作家、学者许地山为抗日积劳过甚，猝然病逝，他的伴侣全力配合抗日工作，无怨无悔。两岸同胞坚信，兄弟同心，其利断金。

1945 年，抗战胜利、台湾光复，包括台湾人民在内的全体中华儿女为雪耻国仇而狂欢，600 万台湾人民舞龙舞狮欢庆台湾重回祖国怀抱。谢雪红等一批台籍菁英深刻思考光复后的台湾社会，提出了民主自治的政治主张。他们中的许多人对蒋介石集团不满，寻找远在延安的红色祖国，探寻台湾的曙光。在为台湾人民争取民主自由的道路上，不少台籍爱国志士倒在国民党的枪口下，包括本书人物李友邦烈士、宋斐如与区严华烈士夫妇、林正亨烈士、钟浩东烈士等，李友邦夫人严秀峰被判有期徒刑 15 年。我们忘不了台籍革命伉俪用生命书写的家国情怀和乡土之爱。

在中国共产党的帮助下，参加"二·二八"起义的台籍菁英谢雪红等在香港创立了台湾民主自治同盟。台盟追随中国共产党，响应中共"五一口号"，坚决反对"台湾独立"，积极投身中国革命、建设、改革伟大事业，为国家富强、民族复兴、人民幸福，为促进祖国和平统一做出了重要贡献。不过，在那个特殊年代，海峡两岸的隔绝曾造成了无数家庭骨肉分离、妻离子散的痛苦，既有去台湾的大陆籍家庭，也有奔赴大陆的台籍家庭。本书的台籍革命伉俪经历了那样的家庭悲剧，他们的不幸遭遇是那段痛苦历史的一个片断，他们一直希望再踏上故乡台湾的土地，然而，这成为他们中许多人永远的遗憾。

台籍革命伉俪的人生故事在历史长河中光芒四射、璀璨夺目。在本书记述的台籍革命伉俪中，台盟原主席蔡啸夫人顾励、台盟原主席蔡子民夫人李玲虹、台盟原副主席李纯青夫人谈家芳走过近百年沧桑岁月，她们的抗日革命足迹已成为历史的一部分。今天，她们仍然坚信，海峡两岸和平统一的日子不会太远。不论身在大陆、台湾，还是海外，那一代台湾人都有着浓厚的祖国情怀，他们的人生经历和祖国情结，是我们认识台湾历史与社会的一面镜子；无论经历多少风雨和磨难，他们对祖国的挚爱和忠诚从未改变，这是那一代台湾人的人生信念，也正是我们走进他们心灵世界的钥匙。大陆和台湾原本是一家人，血脉亲情永远不能割断！

目录
CONTENTS

爱国爱乡　探求真理

谢雪红与杨克煌夫妇

　　我在杭州参加了孙中山先生的追悼大会。我们台湾青年也打算要向大会献吊联。我向大家说，我们隐瞒自己是台湾人，正中了日本帝国主义离间政策的毒计，我们应该公开表明自己是台湾人，让大陆同胞知道台湾人是爱祖国的，大多数台湾人是善良的。大家同意我的意见，于是，以"台湾青年一团"为名义的吊联就第一次在公祭场上出现了。

——谢雪红

　　谢雪红曾说："人生应该是不断探求真理的旅行。"她和杨克煌站在玉山之巅，放眼西望，为挣脱恶魔的利爪，回到祖国母亲的怀抱，与悍敌展开殊死搏斗；她和杨克煌立足长城，南望台湾，满怀思乡之情，坚信祖国必将统一！谢雪红和杨克煌一生的革命实践见证了台湾与祖国的血脉亲情一刻也没有割断。

　　谢雪红是台湾抗日史上一位叱咤风云的人物。她既是杨克煌的革命伴侣，也是杨克煌的革命领路人。1928年8月，在台中公园附近，谢雪红和杨克煌第一次见面。当时，杨克煌只是一名初出茅庐的青年学生。谢雪红鼓励他参加抗日革命，告诉他："人生应该是不断探求真理的旅行。"从此，杨克煌追随谢雪红革命，他们志同道合，成为最亲密的战友和爱人。

　　除去日本监狱坐牢的八年光景，他们几乎没有分开过。杨克煌晚年整理的回忆录附注部分，思念谢雪红的文字随处可拾，使我们得以窥见这对历经沧桑的革命伴侣缱绻

▲ 1950 年 8 月，谢雪红与杨克煌在北京

之情。现将部分内容摘录如下：

　　谢！我们在 1970 年春怎么想起要写你的历史呢？如果这时没有写，那就再也没有机会了，而且写到我们一起的时候你就病重，住院了。谢啊，想念你啊！

　　永别一年又一个月了。我把你的历史修改到这里了，很想念你啊！去年写到这里时，每天听你讲故事，多么幸福啊！而今，留我一个人。

　　谢！你我在一起的四十一年多的历史，现在才开始要写，可是你不在了，我是多么伤心啊！四十一年前的事，显现在我眼前，我永远不会忘记，我想念你啊！

　　谢！写到你我开始相爱的日子，你已离开人间 39 天！这使我很痛心，很难过。

　　我们到南投演讲大概是 1945 年 11 月初。谢！25 年后我们就永别了，含泪忆往事！谢啊！当时你我的干劲很足啊！而今，你留我一个人孤孤单单地过五一节啊！

　　谢！今天是永别后第二十六个星期四，第 182 天。四年来，你为我多么劳累、辛苦、操心啊！谢！我想你，实在没力气写了。

这些文字令人眼泪盈盈，仿佛触摸到杨克煌爱到深处，又不得不永别的苦痛。与其说这是杨克煌的自言自语，不如说是他对逝去爱人的呢喃细语。20 世纪 50 年代，谢雪红致杨克煌的一封

▲ 1959 年 5 月，谢雪红、杨克煌游北京颐和园

信有这样一段文字: "你是我费着很大力气培养起来的革命家, 但是不久你就成为我的全部能信任的同志, 是我的革命手足, 是我的革命'脑袋'。我需要你, 我有了你, 我才能更好地为党做点应做的工作, 你帮助我太多了。"谢雪红和杨克煌如影随形, 共同走过了四十载风雨历程。他们的革命爱情让人唏嘘不已, 使我们迫切地想要走近他们的人生历程。

二

谢雪红出生于台湾彰化一个贫苦家庭。1919 年, 她第一次踏上祖国大陆的土地, 恰逢如火如荼的五四运动。1925 年, 她参加中国共产党领导的五卅运动, 主要工作是募款支援上海罢工工人, 她还与林木顺、陈其昌等台湾青年一起提出收复台湾主张, 得到祖国同胞的积极响应。谢雪红回忆道:

> 我叫林木顺或陈其昌用谢飞英的名义给浙江某报馆写一封简单的信, 信的内容是: "爱国同胞们! 岂不是把台湾忘掉了吗? 为什么只提出收回租界、收回海关、收回领事裁判权、收回一切不平等条约, 而却没有提到要收回台湾啊? "

五卅运动之后, 谢雪红在上海加入了中国共产党。当年, 在殖民地台湾的革命问题上, 中共和共产国际都做出了一个相同的决定——成立台湾共产党。1925 年, 中共安排谢雪红、林木顺等台湾青年入读上海大学, 并送他们赴莫斯科东方大学学习, 为帮助台湾建党做准备。1927 年, 共产国际向东方大学的台籍中共党员谢雪红和林木顺传达了关于筹建台湾共产党的指示。

1928 年 4 月, 根据共产国际的指示, 在中共的帮助指导下, 谢雪红、林木顺、翁泽生等台籍中共党员在上海创立了台湾共产党(日本共产党台湾民族支部)。台共提出"台湾独立"的政治主张, 希望台湾从日本殖民统治之下获得独立, 回到祖国怀抱。中国共产党支持台湾人民抗日斗争, 支持台湾同胞光复台湾的主张。谢雪红、翁泽生等台共人士一生的革命实践和政治轨迹, 见证了台湾与祖国大陆不可分割的血脉联系, 此乃批驳一些人士歪曲台共抗日史的佐证。相当多的台湾

▲ 1925 年 11 月，中共上海地下党组织派谢雪红（前排右二），林木顺（前排右一），吴先清（浙江人，前排中）等赴莫斯科学习。革命同志陈其昌（后排右二）等欢送合影

学者认为，当年台共提出的"台湾独立"与当下的"台湾独立"内涵不同。海峡两岸学者所达成的这个共识，反映了史学界的主流声音。

　　1928 年 4 月 25 日，台共成立仅仅十天，谢雪红等台共人士因上海读书会事件被日警逮捕。谢雪红被押回台湾后，日本殖民当局的媒体《台湾日日新报》进行报道："谢雪红在上海被捕，押回台……谢是个摩登女郎，是到苏联留学过的"。谢雪红说："敌人发布这个消息，无形中替我转告在台的党员，我已经回台了。"不仅如此，许多台湾人民也透过这个管道知道了谢雪红的名字。日后成为谢雪红亲密战友和丈夫的杨克煌，当时还是台中商业学校四年级的学生，他看到这则消息，对谢雪红的敬佩之情油然而生。后来杨克煌说："看过这个消息，我很兴奋，想想怎么一个台湾妇女能有本事到苏联留学呢？于是，我认为她一定不是个普通的妇女，而开始钦佩她了。"后因日本殖民当局证据不足，谢雪红获释。

为便于开展党的地下工作，经台共中央书记长林木顺和日共中央的同意，谢雪红等创办了国际书局，其具体地址是大稻埕太平町二丁目。国际书局的店号"国际"和五角星的招牌极具特点和吸引力，让日警甚感头痛。当年，大稻埕的文化氛围比较浓厚，谢雪红开办的国际书局，以及蒋渭水的文化书局和著名的连雅堂书店都在这条街上。蒋渭水的文化书局主要出售有关孙中山思想和祖国革命的书籍。连雅堂书店则以传播汉民族文化为主要特点。台湾文化协会经常在大稻埕举办抗日演讲活动，参加活动的知识青年当然会光顾大稻埕这三家颇具特色的进步书店。或许，这也是国际书局选址于此，以吸引进步青年的缘由之一。国际书局是台湾第一家公开出售左翼书刊的书店，吸引了许多台湾进步人士，对传播共产主义革命思想发挥了积极作用。国际书局更是台共的大本营，在党的组织活动中具有特殊而重要的地位。杨克煌一直在国际书局工作，他和谢雪红的革命情缘就是从这里开始的。

作为台共的领导人，谢雪红十分重视在农民组合和文化协会开展党的革命工作，对农组和文协召开代表大会的政治方向产生了积极影响，并把"二·一二"事件后回台的苏新等人派到矿区和铁路开展工运工作，使台共的革命活动植根于工农群众中，对台湾的抗日解放运动产生了重要作用。

1931年的"台共事件"使台共遭遇毁灭性打击，几近全军覆没。1934年春，日本殖民当局对"台共事件"的49名被告进行公审。审判官首先问谢雪红住在哪里？谢雪红倔强地回答："我住在地球上！"审判官再问："具体是哪里？"谢雪红不屑道："我住在台北监狱。"审判官只好改用缓和的口气问道："你被捕前住在哪里？"看到审判官终于改变盛气凌人的态度，谢雪红才回答："我住在国际书局。"谢雪红在法庭上和审判长争论，要求松开手上捆绑的绳子，并斥责日警的武装威胁是对被告的凌辱，窘迫的审判长随即下令禁止旁听，谢雪红更厉声指责反对秘密判决。二审判决谢雪红被判刑13年。因"台共事件"而被捕判刑的王万德，晚年忆起这段经历时，称赞谢雪红在监狱中表现是最好的。1939年谢雪红因病保释出狱。杨克煌则于1935年刑满获释。

三

1945 年抗战胜利、台湾光复，谢雪红、杨克煌等台共人士为台湾终于摆脱日本殖民统治，重回祖国怀抱而欣慰和兴奋。谢雪红对光复后的台湾社会发展有十分清醒的认识，她和杨克煌、林兑等台共人士联合发表《告台湾青年书》，指出：如果今后我们得不到政治上的民主，我们还要进行斗争。谢雪红、杨克煌等组建台湾人民协会、台湾农民协会和台湾总工会筹备会等进步团体迎接台湾光复，接触奉中共领导人周恩来指示赴台联络老台共的《大公报》记者李纯青，并参加了中共台湾省工作委员会领导的革命活动。

1947 年 2 月 28 日，因台北烟草专卖局缉私警殴打贩卖私烟的女烟贩激起民众愤慨，从而引发了全岛民众反对国民党当局专制统治、要求民主自治的反抗运动，史称"二·二八"起义或"二·二八"事件，其实质是一场台湾人民自发反抗国民党独裁统治的爱国民主运动。在这次爱国民主运动中，接受中共台湾省工作委员会领导的谢雪红、杨克煌，在台中组建并领导二七部队（"二·二八"事件的导火索发生于 27 日，杨克煌故而起名"二七部队"），与腐败的统治者进行武装斗争。追随谢雪红革命的周明（台盟盟员，领导二七部队与国民党军队的最后一战）在回忆录《台中的风雷》中指出，二七部队主要由台中师范、台中一中、台中工艺学校、台中商业学校等校学生组成。此外，中共台工委委员兼武装部长张志忠组建了嘉南纵队，与国民党军队展开激烈战斗。

1947 年 3 月 8 日，中共中央透过在延安的新华广播电台发表声援台湾人民"二·二八"起义的文告《台湾自治运动》强调，"你们的斗争就是我们的斗争"，"中国共产党人热烈赞扬台胞的英勇奋斗"。这份文告又于同年 3 月 20 日（农历二月二十八日）、3 月 22 日，分别发表在《解放日报》《人民日报》上，也是中共中央给远在台湾的党组织的重要指示。台工委积极参加了这次突如其来的全岛性抗争运动。据谢雪红回忆，1947 年 3 月 8 日，台工委书记蔡孝乾（老台共，1950 年在台湾叛变）在台中与谢雪红筹备军事联合指挥部。

台湾人民争民主、求自治的爱国民主运动遭到国民党当局的残酷镇压后，谢雪红和杨克煌撤离台湾，赴香港参加中共的台湾工作。谢雪红离开台湾后的第一份政治声明《告同胞书》，载于1947年8月25日新加坡《南侨日报》。她强调，"二·二八"起义"完全是和世界与全中国的反独裁争民主自治的路线相符合的"，并呼吁台湾同胞"和全国人民联合组织全民族的统一战线"，为建立"独立、和平、民主的新中国"共同奋斗。台湾人民"二·二八"起义是当年中国人民反对国民党专制统治的爱国民主运动的一部分，"二·二八"起义所反映的台湾人民反专制、争民主、求自治的意愿与整个中国人民反独裁、反内战、反饥饿的意愿是吻合的。

在谢雪红的领导下，《新台湾丛刊》第二辑《胜利割台湾》坚决反对"二·二八"事件之后出现的台湾"托管论""台独"等主张，整个专辑完全是针对廖文毅、廖文奎兄弟在美国的扶持下，于香港组建台湾再解放联盟，提出台湾"托管论""台独"等谬论而来的。谢雪红一生憎恨"台独"，她对一些参加过"台独"的同乡（曾试图以"台独"为手段摆脱国民党的专制统治，后投身于中华人民共和国的社会主义事业，站到"台独"的对立面）格外严苛，而被不明真相的人误解。

四

1947年11月12日，孙中山先生诞辰纪念日，在中国共产党的帮助下，参加"二·二八"起义的台籍菁英谢雪红、杨克煌、苏新等在香港发起成立台湾民主自治

▲ 1949 年 9 月 21 日，台盟参加中国人民政治协商会议第一届全体会议的代表合影。左起：田富达、杨克煌、谢雪红、李伟光、王天强、林铿生（候补）

同盟，主张台湾实行民主政治和地方自治。谢雪红说，台湾人民在"二·二八"抗争中提出的"民主自治"口号，就是台湾民主自治同盟定名的依据。台盟追随中国共产党，响应中共"五一口号"，反对"台湾独立"，参与新中国的建设，成为中国的八大民主党派之一。曾亲历"二·二八"事件，后来担任台盟中央主席的张克辉强调，没有"二·二八"就没有谢雪红，没有谢雪红就没有台盟。这应该算是对毕生追求祖国统一的谢雪红及同时代台湾革命家最精辟的诠释吧。

中华人民共和国成立后，谢雪红担任台盟首任主席，并任政务院政法委员会委员、华东军政委员会委员等职，杨克煌则任台盟总部理事兼秘书长。20 世纪 50 年代，谢雪红为杨克煌的《回忆"二·二八"起义》一书作序，她深情地写道，"台湾自古以来就是中国神圣不可分割的一部分"，"台湾人民现在已经

▲ 1958 年 12 月，谢雪红与杨克煌游北京北海公园

有强大的祖国——中华人民共和国了"，台湾人民"自由幸福的光明日子一定要到来"。谢雪红在北京写下了这段肺腑之言，她反复强调台湾是中国的一部分，其爱国爱乡情怀溢于字里行间。

在"整风"与"反右"运动中，谢雪红、杨克煌遭到了不公平对待，被错扣上右派帽子。谢雪红保留党籍，被撤销台盟主席等职务，她的丈夫杨克煌被劝退出党。虽然如此，1960年中国共产党建党三十九周年之际，谢雪红仍然赋诗《七一书感》，抒怀对党的深厚情感。"文革"期间，谢雪红更是受到冲击。1970年11月，谢雪红在北京病逝。她临终前，仍然表明自己拥护党、拥护社会主义的心境。她最后留下了三句话：

一、我不是右派，是共产党员；

二、我拥护共产党，拥护社会主义；

三、我犯过错误。

谢雪红和杨克煌正是凭着对党和祖国母亲的挚爱，历尽艰辛从台湾回到祖国大陆的，他们从未动摇对党和国家的忠诚。中国共产党在十一届三中全会后拨乱反正，台盟盟员在"文革"中被错误审查的结论和处理得到了彻底纠正。特别是台盟"二大"以后，台盟中央（当时称台盟总部）积极配合有关部门，认真贯彻《中共中央关于落实居住在祖国大陆台湾同胞政策的指示》（中共中央[1981]38号文件）精神，为生活在祖国大陆的台胞从政治上、工作安排上及生活上做了大量落实政策的工作。谢雪红和杨克煌被错划右派的问题得到彻底改正，杨克煌同志恢复了中国共产党党籍。

一位台盟老同志告诉我，1949年一个春意盎然的午后，他的外公在北京拜访了彰化同乡谢雪红，并将唯一的女儿送到台盟。这位台盟老同志常听母亲描述初见谢雪红的激动情景，他对母亲崇拜的这位台湾女杰有了一种特殊情结。与其说这是三代台湾人对台盟首任主席谢雪红深厚情感的自然流露，不如说是谢雪红的爱国爱乡情怀使台湾乡亲产生了共鸣。

1986年，在北京八宝山革命公墓举行的谢雪红骨灰移放仪式上，中共中央统战部副部长武连元充分肯定谢雪红为反抗外来侵略、争取国家统一所做出的贡献。他说

▲ 1958 年 10 月，谢雪红、杨克煌游北京万寿山

"谢雪红同志为反对外来侵略，实现祖国统一而斗争的精神，以及为此而做出的努力，是不可磨灭的。今天为谢雪红同志举行骨灰移放仪式，正是表达我们对她的纪念，也是表达我们对过去和现在一切为祖国统一事业做出贡献的台湾同胞的崇敬。"

1988 年，在北京八宝山革命公墓举行的杨克煌骨灰移放仪式上，台盟对杨克煌作如是评价："杨克煌同志在历史上对台湾人民的解放事业做出了贡献，解放后为祖国的社会主义建设，为发展爱国统一战线和祖国统一事业，做了有益的工作。今天，在他逝世十周年之际，我们为杨克煌同志举行骨灰移放仪式，对他一生为实现祖国统一事业做出的努力，表示我们的敬意。"

谢雪红和杨克煌坚决反对外来势力侵略台湾，坚决反对分裂中国、台湾"独立"，至死不渝。历史这面镜子就是这样记录着人生的。只有回到历史的现场，我们才能读懂那一代台籍前辈的祖国情怀和故乡情愫。

追寻中山思想的台湾革命家

蒋渭水与陈甜夫妇

团结是我们唯一的利器，是我们求幸福脱苦难的门径。团结之力量如此之绝大，而本来持有团结之本能的人类——吾们四百万同胞，竟不能利用这个团结之力来求幸福，真是我们台湾人之耻辱呀！故我不得不再大呼特喊："同胞须团结！团结真有力！"

——蒋渭水

　　蒋渭水是"日据时代最具影响力、最能刺痛日据当局、并最能唤醒寂静的民族与社会良知的革命先烈"。他一生所从事的民族解放运动，是中华民族解放运动的一个组成部分。从推动台湾议会设置请愿运动，主张阶级运动和民族运动并行不悖，到强调无产阶级必胜的理念，他每一步都走得异常艰辛。短短十年时间，蒋渭水竟坐牢十余次。1931年，台湾抗日运动遭遇毁灭性打击，蒋渭水的生命也戛然而止。台湾民众为蒋渭水举行了声势浩大的"大众葬"，以怀念英雄的方式表达对殖民统治的反抗。当年日本殖民当局为监控抗日志士而录制的葬礼影像，如今成为我们重回历史现场，追寻抗日先贤足迹的资料，这岂不是对日本殖民统治的反讽！

一

　　蒋渭水出生于台湾宜南，1910年考入台湾总督府医学校。祖国辛亥革命的胜利使蒋渭水深受鼓舞，他募款援助孙中山革命，并撰文痛斥日帝恶政。据其胞弟蒋渭川回忆，蒋渭水曾参加孙中山领导的中华革命党（其前身为同盟会）。因愤恨袁世凯窃国称帝，怒不可遏的蒋渭水与同窗好友杜聪明（第一位台籍博士）、翁俊明（抗战时期曾任国民党台湾党部主任委员）等共谋赴北京暗杀袁世凯的计划。曾与蒋渭水并肩战斗的谢南光认为，蒋渭水等人的这一举动，"是中国（祖国）革命和台湾革命发生密切关系的起点。"蒋渭水青年时代不计后果、铤而走险的这段经历，恰恰反映了他对革命的热情和执着。

▲ 台湾作家丘秀芷女士的著作《台湾民族运动的火车头——蒋渭水传》

　　1921 年，林献堂领导了反抗日本殖民当局的台湾议会设置请愿运动，此举大大刺激了蒋渭水的政治激情。同年 10 月 17 日，他和林献堂等发起成立台湾文化协会，林献堂被推为总理，蒋渭水任专务理事，负责具体工作。文化协会本部设于蒋渭水在台北开设的大安医院内。关于成立台湾文化协会的动机，蒋渭水说："我诊断得台湾人所患的病，是智识的营养不良症，除非服下智识的营养品，是万万不能治愈的。文化运动是对这病唯一的原因治疗法。文化协会，就是专门讲究并施行原因疗法的机关。"

　　蒋渭水在《我的主张》一文中指出，"因为我是医生，所以能知悉台湾人的实情，他们如何苦恼，如何诅咒现在的政治，无论如何想办法使台湾人的生活稍安定一点，有非除去对于政治上的不满不可的愿望。"医生和革命者有什么关系？也许，医生更接近于革命者，医生对生命的认识愈深刻，对于由个体生命组成的社会思考便愈透彻吧。于是，就有孙中山因中国人的苦难源于"不良之政治"而弃医从政，改"医人"为"医国"；鲁迅为改造国民性思想而弃医从文；蒋渭水、李伟光等台籍医生为医治社会在抗日前沿冲锋陷阵的壮举。日据时期，医生群体对台湾抗日运动的积极影响不可小觑。

　　文化协会积极推动台湾议会设置请愿运动，举行文化讲座等，表现出强烈的中华民族意识和对祖国的向往，对台湾民众产生了重要影响。蒋渭水给台湾社会开了一份惊世骇俗的诊断书——《临床讲义——对名叫台湾的患者的诊断》，强调台湾原籍为"中华民国福建省台湾道"，具有"黄帝、周公、孔子、孟子等的血统"。蒋渭水、蔡惠如、林幼春等文化协会领导人，及参加议会设置请愿运动的有关人员共 18 人，因"治警事件"被日警逮捕入狱，蒋渭水在日本法庭上阐明台湾人具有中华民族的血统，"台湾人明白地是中华民族即汉民族的事，不论什么人都不能否认的事实。"蒋渭水对中华民族的身份认同显而易见。日本殖民当局对蒋渭水作如是评价——对中国的将来抱有很大的期望，汉民族意识特别强烈，将台湾的解放寄托于祖国。

　　蒋渭水追寻孙中山思想，推崇孙中山先生的三民主义。第一次国共合作时期，孙中山关于以农工阶级为基础的民族运动的革命理念，对蒋渭水产生了深远影响。

▲ 20 世纪 20 年代，蒋渭水与陈甜夫妇在台湾

他以此为台湾民众党的立党之本，直至民众党被日本殖民当局解体，他仍然坚持"农工阶级为中心的民族运动"。蒋渭水还成立了文化书局，主要出售关于孙中山思想与祖国革命的书籍。因而，追随台湾抗日领袖林献堂的文化协会成员叶荣钟后来说，"渭水先生对于革命的向往与对国父（孙中山）的崇拜，比任何人都来得更加热烈。"

二

1923 年，文化协会抵住日本殖民当局的压力，创办了汉文版报纸《台湾民报》（其前身为台湾青年会刊物《台湾青年》）。由于不被殖民当局许可，不得不在日本东京印刷出版后，送回岛内发行。这份报纸被称为"台湾人唯一的喉舌"，对台湾民众产生了积极影响。《台湾民报》在岛内的总批发处设在大安医院旁，蒋渭水苦心经营《台湾民报》，被同仁喻为"《台湾民报》的褓姆"。他撰文《岂有不许言论自由的善政吗？》批驳殖民当局对《台湾民报》的严厉压制，并尖锐地指出：不许台湾人"存立一个民众的言论机关于岛内"，此乃"台湾恶政中的第一恶政"。《台湾民报》是台湾新文学的重要园地，是抗日志士表达革命理论的重要阵地之一，更记录了蒋渭水等冲锋陷阵的英勇和无畏。

《台湾民报》专栏《晨钟暮鼓》有这样的文字：

欧洲的人们"妇女是和男子一样底"印象，已深深底印在脑筋了，就是女子也奋发出来争取她们所应享的权利……惊醒的泰西的人们，都承认"妇女解放"是必要的……回首来看我们台湾的妇女界，连一个首先起来要求的影子和声音都没有听见……希望台湾有识的妇女们应声猛醒……

这是蒋渭水关于妇女解放运动的呐喊。正是基于对妇女解放的思想认识，他教不识字的爱人陈甜学汉文，并让陈甜跟随他参加文化协会举办的演讲会等抗日活动。据日警档案记录，仅在 1923 年至 1926 年之间，台湾文化协会的演讲会

▲ 蒋渭水夫人陈甜

就举行了 798 场。如此频繁的演讲会，对于陈甜进一步了解台湾政治和社会，提高其文化素养大有裨益。陈甜原是一名艺旦，风华绝代。第一次见面，蒋渭水就被身穿小翻领旗袍和百褶裙的陈甜深深吸引，并娶她为侧室。石有是蒋渭水的原配夫人，朴实贤惠，其兄石焕长与蒋渭水一起从事抗日运动。陈甜则比蒋渭水小十岁，是蒋渭水的心灵伴侣和得力助手。如遇蒋渭水被日警拘禁，不能出席原定由他主持的文化协会演讲会时，陈甜便代蒋渭水向大家说明情况，使演讲活动照常进行。蒋渭水对台共领导人谢雪红的敬重，也反映了他对女性投身革命运动的肯定和支持。

　　台湾文化协会由不同阶级、不同思想信仰的人们组成，他们对台湾民族解放运动的方针路线发生了分歧。曾任台共中央委员的苏新将其概括为三种思想倾向。其一，以蔡培火为中心的所谓改良主义派，受日本国内民主运动的影响；其二，以蒋渭水为中心的所谓民族主义派，受中国国民党的民族革命运动的影响；其三，以王敏川、连温卿为中心的所谓社会主义派，主要受日本、中国的无产阶级社会主义革命运动的影响。

　　1927 年的第一天，蒋渭水提出了"同胞须团结，团结真有力"的口号，然而，仍然挽救不了文化协会分裂的危局。在 1 月 3 日召开的文化协会临时总会上，王敏川、连温卿联合蒋渭水一派，战胜了蔡培火一派，文化协会的左派青年掌握了领导权，使文化协会"左倾"。蔡培火、林献堂等人退出了文化协会。以后，蒋渭水一派也退出文化协会，并与林献堂等于同年 7 月另组台湾民众党。

三

在蒋渭水的领导下，台湾民众党第二次大会明确了关于阶级问题的态度，强调民族运动和阶级运动必须同时并行，确立了"以农工阶级为中心势力，以农工商学为共同战线"的抗日斗争原则。蒋渭水并领导成立了台湾工友总联盟，这是会员人数最多的台湾工会组织。1928 年台湾共产党（全称为"日本共产党台湾民族支部"）诞生后，蒋渭水与台湾共产党领导人谢雪红就台湾抗日策略达成了某些共识。当年，台湾共产党、台湾民众党、台湾文化协会、台湾农民组合等抗日组织存在不同的政治观点和路线斗争，蒋渭水、谢雪红等认为，台湾各抗日组织相互掣肘将会造成一个严重的后果——削弱台湾人民与日本殖民当局斗争的力量——当务之急是形成抗日联合战线，这是根据当年台湾革命斗争情势所作出的判断，无疑是正确的。蒋渭水深知谋求日本殖民统治下之台湾解放运动的合法性道路极其艰难，他期望促进解放运动战线的统一，赞成台共关于台湾革命的主力是工农阶级的观点，满怀无产阶级

▲ 台北蒋渭水纪念公园

必胜的信念。

20 世纪 80 年代，老台共苏新反思当年台湾的民族解放运动时，他认为各抗日团体的斗争目标都是日本帝国主义，在一定条件下组成反日民族统一战线，不仅是可能，而且是必要的。这是苏新时隔 50 多年后对这段历史的冷静剖断。

不仅岛内抗日志士呼吁各团体形成抗日联合战线，祖国大陆的有识之士亦助一臂之力。譬如，远在北京的东方问题研究会（由中共党员和初具马克思主义思想的进步人士组成）了解岛内各抗日团体的纷争，于 1930 年 9 月发文《敬告台湾革命民众》，强调"各被压迫阶级反帝斗争中联合战线的必要"，希望岛内各抗日团体认清真正的敌人——日本帝国主义，这是殖民地革命的先决条件。

岛内各派抗日力量终未能形成统一格局，于 1931 年惨遭日本殖民当局全面镇压而解体。从表面上看，岛内各抗日团体的对立是由于阶级斗争、路线斗争等极端化所致，其实，我们不可忽略殖民当局分裂政策所产生的负面影响。面对岛内各抗日团体的思想分歧，全力镇压抗日力量的殖民当局岂可甘愿做一个旁观者。

早在 1927 年 2 月 13 日，即文化协会改组一个月之后，蒋渭水就在《台湾民报》上发表了《解放运动的派别》一文，提醒抗日斗士警惕日本殖民当局及其御用报纸的离间言论。1928 年 7 月 22 日，他撰社论《所谓分裂政策，大家须要戒心》，更加明确地表达其观点：

> 分裂政策者……暗中播弄巧计，使各社会运动团体的分子，互相内讧、自相摧残，而可坐收不打自灭的效果的阴险手段……试看去年文化协会分裂的情形，虽说是因时势进步所使然的，但细究其前因后果，还未可全谓为自然发达的分化作用，故可以推知其中必亦中了不少的分裂毒计……我岛内各种的社会改造运动团体，若进到相当的地步，其中必有会再演自然的分裂作用，而发达为更进一步的团体组织。这是我们所容易理解的，而且亦在期待的地方。设或不然，在此一事无成的半途，稍受旁人离间中伤，就迷惑前路而想作分裂。如果这样中了当局分裂政策之毒，岂不是大目的未达而小团结已四分五裂了吗？还有什么合攻强敌的可言！

　　无独有偶，在全面抗战爆发后的重庆，台籍中共党员、《大公报》记者李纯青与台湾革命同盟会的乡友等探讨了一个话题，即在大陆的台湾人十分团结，组建了统一的台湾人抗日团体——台湾革命同盟会；然而，岛内的台湾人为何不能相互团结，各派抗日力量为何始终不能统一？他们最终得出这样的结论："因为台湾是殖民地，帝国主义统治殖民地的政策，就是要在当地人中播种不和的种子，制造矛盾和利用矛盾，为殖民统治利益服务。"

　　李纯青等台湾革命同盟会人士一针见血地指出了殖民当局分裂岛内抗日团体的诡计，这与蒋渭水十多年前对岛内抗日团体分裂局面的分析如出一辙。此外，日本殖民当局挑拨台湾民众与祖国同胞的关系，亦是其离间政策的表征之一，谢

▶ 抗日志士蒋渭水先生雕像，立于台北蒋渭水纪念公园内

雪红、谢南光、李友邦、张我军等台籍抗日志士均对此作过详尽阐释。日本殖民当局撕裂两岸同胞感情，在岛内抗日志士中制造不可弥合的裂痕，对两岸关系及岛内抗日力量造成了一定程度的破坏。我们不得不佩服蒋渭水洞察秋毫的政治敏锐性和判断力，更为岛内抗日志士没能重视蒋渭水等的忠告，一度陷入日本殖民当局设下的兄弟阋墙之圈套而遗憾。

1931年8月5日，年仅四十岁的蒋渭水因伤寒病逝。伤寒在当时并非不治之症，却夺去了他的性命。这位英雄为台湾的民族解放运动拼尽全力，奉献了一切，乃至生命。蒋渭水曾称赞友人蔡惠如为民族解放运动所表现出的彻底性和不妥协精神，他自己又何尝不是这样呢。蒋渭水留下的文字，向我们诉说着他短暂而辉煌的一生。作为台湾非武装抗日运动的一位重要人物，蒋渭水具有强烈的中华民族意识，这是两岸同胞不能忽略，更不可遗忘的！

黄埔将领的祖国情怀

李友邦与严秀峰夫妇

　　台湾曾是中国之一省，1895 年被割让给日本帝国主义了。这样的事实，决定了台湾革命目的的两面性，一方面他要求独立，另一方面他要求返归祖国。要求独立和要求返归祖国不是冲突的吗？是不冲突的。台湾的独立，是在国家关系上，脱离外族（日本）的统治，是对现在正统治着台湾的统治者而言。归返祖国必须在已获得独立之后。所以我们说，台湾要独立，也要归返祖国。

——李友邦

▲ 1949 年，李友邦一家在台湾

一张拍摄于 1949 年的老照片，记录了台籍抗日将领李友邦的家庭生活。照片中的李友邦正当壮年，西装革履，气宇轩昂，孩子们永难忘父亲慈祥的目光。夫人严秀峰是一位杭州美女，面貌清秀，穿着立领碎花旗袍。三个可爱的儿女依偎在父母身旁。女儿头上扎着漂亮的蝴蝶结。稍大的儿子穿着和父亲一样的西服套装。最小的孩子喜欢棒球，一看他手里的棒球装备便知。这是一个令人羡慕的幸福家庭。然而，不久之后的灾难和不幸——李友邦遇害、严秀峰系狱——剥夺了这个家庭的天伦之乐。这个台湾人家庭的悲剧折射了一段特殊的历史。

李友邦出身于台北芦洲望族，早年加入抗日团体台湾文化协会。1924 年，因带领同学袭击日本殖民当局的派出所而遭通缉，遂与林木顺等同赴上海，并结识谢雪红。其后，李友邦南下，入读黄埔军校第二期。黄埔军校的创办，体现了第一次国共合作时期国共两党在军事方面的合作。

关于李友邦的黄埔经历，其夫人严秀峰回忆道：

先生在黄埔军校期间，因秉质优秀，又出身台湾，受到孙中山的注目。在孙先生支持下，先生在广州成立"台湾独立革命党"，自任该党主席，为台湾从日帝统治下的解放与独立而努力。此外，经孙先生推荐，每周日到国民党进步派领袖廖仲恺家

▲ 李友邦将军

勤学国语，探讨中国（祖国）和台湾的革命形势。

当年，有许多台湾青年进入黄埔军校，他们传承中华民族的文化血脉，追随孙中山革命，深知欲救台湾，必先救祖国；他们参加北伐战争和抗日战争，成为两次国共合作重要历史的亲历者与见证人，在台湾光复和祖国统一中扮演了重要角色。李友邦便是这些台籍黄埔军人中的杰出代表。

在孙中山先生的支持下，李友邦组建了台湾独立革命党，主张台湾从日本殖民统治下争取独立而返归中国。李友邦并主持国民党两广省工作委员会领导的台湾地区工作委员会，台籍中共党员林文腾、谢文达、杨春松、陈辰同等为骨干力量，他们向岛内民众宣传孙中山领导下的祖国大陆革命形势，激励台湾民众的抗日斗志，动员台湾革命青年参加祖国的革命运动。

李友邦与乡友张秀哲（张月澄）、张深切、林文腾等发起成立广东台湾学生联合会，其成员主要由黄埔军校、中山大学、岭南大学等校台湾学生组成，政治主张是反对日本殖民统治，支持台湾议会设置请愿运动，支持祖国大陆的革命。据张深切回忆，"为建立台湾的抗日革命，为协助中国（祖国）的北伐革命，我们几乎天天开会讨论方策"，足见台湾青年对祖国和台湾革命的激情。

1927年2月5日，在黄埔军校政治部，军校首任政治部主任、中山大学校长戴季陶向广东台湾学生联合会的青年们发表题为《孙中山与台湾》的演讲，戴季陶阐释了孙中山对台湾革命运动的主张：鼓励台湾"自治"，"希望把它作为中国达成完全独立的一种方法。"孙中山将台湾革命成功，视为中国完全独立的一个部分，使台湾青年产生了共鸣。

同年3月，广东台湾学生联合会更名为广东台湾革命青年团，并在广州举行的纪念孙中山逝世两周年游行活动中散发传单《敬告中国同胞书》指出，"台湾的土地是中国的土地"，呼吁祖国大陆同胞援助台湾革命。4月1日，其机关刊物《台湾先锋》创刊，载有演讲稿《孙中山与台湾》等文，此刊以秘密渠道传播到岛内台湾青年和在日本东京的台湾留学生中。孙中山的革命理念激励了台湾民众的抗日斗志。8月，广东台湾革命青年团遭日本殖民当局破坏，李友邦转赴沪浙等地继续从事抗日活动。

李友邦曾任浙江大学政治部主任，兼任日语教师。据一位在抗战时期的"陪都"重庆工作过的台籍人士回忆，他早年就读于浙江大学，当时的学校政治部主任李友邦给予他许多帮助，他印象中的李友邦是一位爱穿卡其裤配长筒皮靴的军人。在浙江大学任职时，李友邦暂时离开了军队，不过，他仍然保持着黄埔时期的着装习惯。

二

1932年，李友邦因参与反蒋人士的进步活动，在杭州被国民党情治机构

▲ 1939年，台湾义勇队队长李友邦向义勇队少年团赠旗

逮捕入狱，1937 年获释。1939 年 2 月，在中国共产党的帮助和国民党的支持下，李友邦在浙江金华组建台湾义勇队和台湾少年团，带领台湾同胞投身于中华民族的抗战。台湾义勇队提出了一个响亮的口号——保卫祖国，收复台湾——吸引了许多爱国台胞，其组织不断发展壮大。1939 年 10 月，台湾义勇队正式隶属于国民政府军事委员会政治部，李友邦任台湾义勇队少将队长兼台湾少年团团长。

因工作关系，我得以近距离接触关于重庆与台湾的一段历史。重庆红岩村曾是周恩来领导的中共中央南方局所在地。抗战时期，根据中共中央的指示，南方局高度重视台湾问题，主张收复台湾，对台胞抗日斗争产生了积极影响。一直关注台湾义勇队的周恩来曾对李友邦的工作做过重要指示。南方局领导的重庆《新华日报》关注李友邦及台湾义勇队，追踪报道李友邦赴重庆商议组建台湾革命团体联合会、台湾革命同盟会事宜，及其在重庆国际广播电台等处发表抗日演说的有关情况。这段历史有助于我们进一步认识中国共产党关于台湾问题的主张，了

▲ 李友邦与严秀峰夫妇

解中国共产党给予李友邦及台湾义勇队的支持和帮助。

1939年春夏，李友邦认识了随部队转至金华的杭州姑娘严秀峰，两年之后，他们结为伉俪，成为远近闻名的"烽火侠侣"。严秀峰效仿花木兰从军报国，17岁就加入浙江省国民抗敌自卫总团第一支队，并参加了富阳前线的抗日战斗。她曾奉命潜入东洲沙群岛日军营区刺探情报，顶着漫天炮火，翻越荆棘密布的山崖，被树枝、砂石割得遍体鳞伤，最终完成了任务。中国军队获得严秀峰带回的情报后，积极进攻，以粗劣的武器战胜装备精良的日军，收复了东洲沙。李友邦与严秀峰之子李力群先生说，这

▲ 少女时代的严秀峰

是母亲最为骄傲的一段经历，母亲传送情报的时候，身上还带着毒药，万一被抓就服毒，她时刻做好了为国捐躯的准备。

在一次赴台文化交流活动中，我们重庆一行人在台北"上海乡村"餐厅与台湾抗日志士亲属会面。席间，李力群先生介绍了父亲李友邦组建台湾义勇队，带领台湾乡亲奋战在祖国东南抗日战场的经历。王晓波教授则向我们讲述了李友邦夫人严秀峰在东洲沙保卫战中的出色表现。抗日志士亲属畅谈日据时期台湾民众反抗日本殖民统治的历史，传承了先辈浓浓的祖国情结，令我们肃然起敬。

严秀峰也是台湾义勇队的一员，她和李友邦共同经历了抗战最艰苦的岁月。

李友邦在《台湾革命运动》一书中写道，"为了祖国，为了台湾，毫无疑问的，我们要继续地战斗下去"。这是李友邦在抗战烽火中发出的呐喊，是台湾义勇队全体队员的心声，也是奋战在大陆战场的爱国台胞们内心的真实感受。严秀峰曾担任台湾少年团的指导员。李友邦建立这支由台湾少年儿童组成的抗日队伍，并倾注了许多心血。他希望台湾少年儿童以祖国大陆的原野为课堂，以大陆同胞抗战的英勇事迹为课本，培育他们热爱祖国的情怀，锻炼他们顽强的革命斗志。台湾少年团与孩子剧团、金华小小剧团、厦门儿童剧团、浙江少年营及重庆育才学校等抗日儿童团体保持联系，台湾少年团的孩子们经历抗战烽火，不断磨砺成长。

李友邦恢复广东台湾革命青年团时期的刊物《台湾先锋》，作为台湾义勇

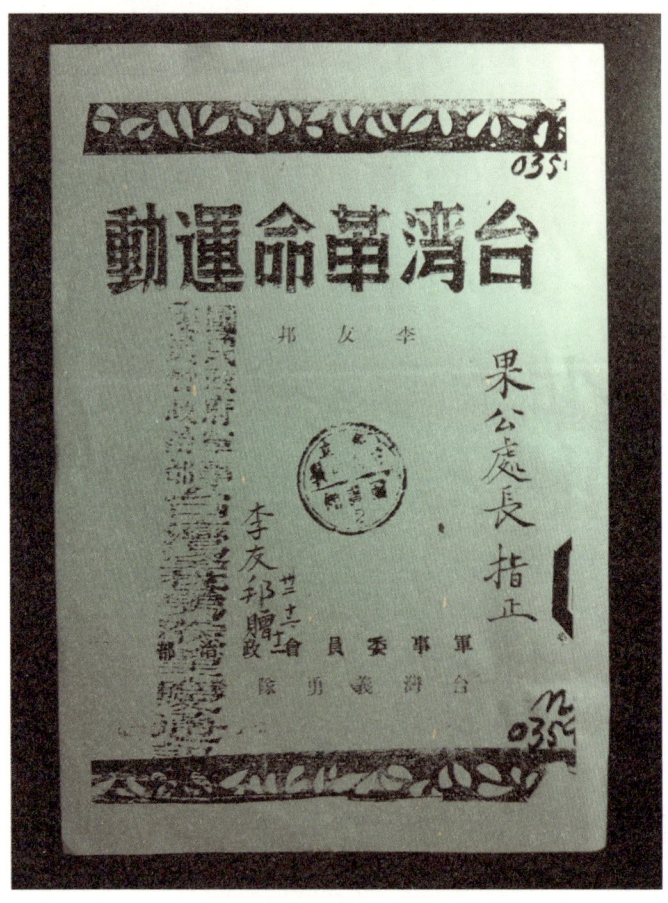

◀1943年12月12日，西安事变纪念日，李友邦将军题签赠书《台湾革命运动》（1943年4月版）。此为李友邦赠与"果公"（陈果夫）的抗日著作。（重庆图书馆藏）

队队刊，自任主编。他在创刊词中写道："《台湾先锋》与其说是创刊，毋宁说是复刊，远在祖国大革命开始之时，《台湾先锋》便已在广州与祖国人士及一切爱好正义者见面了"。"现在，我们再度以《台湾先锋》呈献于大众面前"，"使我们生《台湾先锋》与祖国革命有共同命运之感"；"《台湾先锋》将在祖国抗战中长大起来，也将伴着祖国抗战之成功而发扬光大。"这份刊物成为记录台湾同胞参加祖国大陆抗日战争的重要文献之一。

台湾义勇队还成立了第一、第二、第三、第四医院。李友邦夫人严秀峰说，台湾义勇队创办医院，不是为了赚钱，而是为了祖国大陆和台湾的解放，医院对抗日军人、出征官兵家属和贫苦民众一律不收费。四十多年后，原台湾义勇队少年团团长王正南重访金华，那里年过花甲的老乡忆及台湾义勇队时，对"台湾医生"誉不绝口。

1944年9月，李友邦升任中将总队长。台湾义勇队下设几个支队，分别活跃于前线、后方、敌区（敌伪工作）、老沦陷区台湾四大作战区域，为中国抗日战争做出了贡献。由于资料所限等原因，相关研究成果对台湾义勇队开展的沦陷区（台湾）工作语焉不详。1946年第5期《真话》刊文《与李友邦先生谈论当前台湾》，其中有一段李友邦接受采访说的话："1944年……大规模的派人进入台湾，从事敌后活动。"此文披露了台湾义勇队在岛内开展抗日工作的时间范围。最近看到一份从美国征集的二战时期解密档案。这份1944年11月由"陪都"重庆发出的美方文件指出，要以李友邦及其领导的台湾义勇队作为盟军在台湾开展工作的主要力量之一。这份档案使我们间接了解了台湾义勇队为联络岛内抗日力量所做的努力。挖掘海外的二战档案，或许可以使李友邦及台湾义勇队的研究有更多收获。

三

1945 年 8 月，中国人民抗日战争取得伟大胜利。同年 9 月 3 日，李友邦派台湾义勇队副总队长张克敏（黄埔四期生）赴台湾，在台北升起象征收复台湾的国旗。同年 12 月，李友邦率台湾义勇队返台，被任命为国民党三青团台湾分团主任，夫人严秀峰也在三青团台湾分团担任要职，任第四科科长。

在光复后的台湾，李友邦夫妇与谢雪红有一段特殊的交往。青年时代的李友邦曾与谢雪红、林木顺等在上海参加抗日活动，其夫人严秀峰和谢雪红则结缘于台湾光复后的妇女工作。据谢雪红回忆，中共台工委委员张志忠告诉她，"李友邦为党做了不少工作，他的妻子严秀峰也很能干"，"李友邦的作风正派，有强烈的爱国精神，尤其有爱台湾的乡土观念。"

然而，关于张志忠对李友邦的评价，台湾的档案资料却有不一样的说法。台湾方面标注"杨春霖"（张志忠的化名）的一份档案资料记录道：

> 至于李友邦，和组织无关系，我们吸收他的妻严秀峰，经严秀峰
> 以探取政府高级情报，虽然他对我们思想方向很明白，惟他庸弱无能，
> 尽想做官，而又胆小不负责任，亦无什么干部，我们不可能去发展他。

张志忠何以另换一种说法，指认李友邦"庸弱无能，尽想做官"，"胆小不负责任"？在此之前，被捕的中共台工委书记蔡孝乾（1950 年在台湾叛变）已向国民党情治机构透露张志忠和李友邦的关系，即"情报部门由季沄负责，情报来源是党员严秀峰从其丈夫李友邦处收集而来，情报传递由季沄转交张志忠再送给我。"显然，在国民党情治机构已经掌握这条重要线索的前提下，张志忠基于保护李友邦的考虑，尽量淡化李友邦的作用，以掩饰李友邦暗中支持反蒋人士进步要求的事实。另据陈逸松（台湾台南人，1973 年回大陆，得到周恩来总理亲切接见）回忆，李友邦曾公开表示，三青团台湾分团的任务，"就是要吸收新血，改造国民党，因为国民党已经太腐化了。"这印证了李友邦对蒋介石领导下的国民党不满之事实。档案资料与口述历史资料相互印证，可以更好地揭示历史的真相，使我们更完整地认识李友邦的爱国爱乡情怀。

　　李友邦曾因"二·二八"事件，被扣上了莫须有的罪名解送南京监禁，身怀六甲的严秀峰赶赴南京向蒋经国陈情，使丈夫获释。李友邦后任国民党台湾省党部副主委、台湾省政府委员等职。1950年2月，严秀峰被国民党情治机构逮捕，以"知匪不报"的罪名被判有期徒刑15年。1951年11月中旬，蒋介石下令逮捕李友邦。最终，因积极响应、参与两次国共合作，李友邦被国民党当局以"包庇窝藏匪谍"，且自身"早已加入中共组织，迄今未依法履行自新手续"等罪名判处死刑，1952年4月22日在台北马场町刑场英勇就义。这位令人尊敬的台籍抗日名将、铮铮硬汉，没有牺牲在抗日战场上，却于台湾光复后倒在国民党的枪口下。他留下一女四子，长女仅10岁，最小的不足3岁。

　　李友邦夫人严秀峰刑满出狱后，创办世界翻译社，宣传李友邦及台湾义勇队的抗日事迹，为他们"正名"。严秀峰说：

▲ 台湾新北李友邦故居陈列室

李友邦应该死在沙场上的。他的血应该流在与敌人撕拼的战场上。但他却死在他一生最深爱的故乡，死在他为之奉献了一切、甚至他的生命的台湾。爱国爱乡竟含冤而死，正义公道何在？这不仅是李友邦个人的悲剧，也是历史的悲剧，更是近代中国民族的悲剧。

1992 年，李友邦逝世四十周年，经严秀峰的努力，台湾学者和台湾义勇队老队员分别举行李友邦纪念活动，他们以历史事实证实了李友邦的抗日功绩。1995 年，北京举行抗战胜利五十周年纪念活动，特邀李友邦夫人严秀峰与台湾义勇队老队员代表参加，肯定李友邦为中国人民抗日战争所做出的贡献。严秀峰在北京举行的座谈会上强调，两岸和平统一是包括李友邦在内的台湾乡亲的共同愿望！2005 年，中国国民党纪念抗战胜利和台湾光复六十周年，开展了一系列纪念李友邦的活动。如今，为祖国统一而牺牲的李友邦先生名字刻在北京西山无名英雄纪念广场上，人们永远铭记那些台湾革命先烈的爱国爱乡精神。

抗日英雄的誓言

谢南光与严恩绮夫妇

今日祖国正在进行着生死存亡的战争，中华民族的兴亡在此一举，凡是中国人，每个人都有保卫祖国的义务，祖国能生存能强大，每个中国人才有立足的余地，才有发展的前途，自然台湾人的命运也是一样的，保卫祖国也就是争取台湾本身的自由和解放。

——谢南光

为解救被殖民被压迫的痛苦的台湾乡亲，谢南光放弃文学梦，选择了抗日革命之路。"九·一八"的炮声激起中华儿女的抗日怒火，谢南光毅然奔赴祖国大陆的抗日战场。七七事变爆发后，他参加对日情报工作，并组建大陆统一的台湾人抗日团体——台湾革命同盟会。谢南光认为，收复台湾与保卫祖国是同一个话题；他笃信，兄弟同心，其利断金。

谢南光，原名谢春木，出生于台湾彰化，先后就读于台北师范、日本东京文理科大学高等师范部本科及研究科。谢南光曾是一位文艺青年，弱冠之年发表小说《她往何处去》，此作成为台湾新文学史上的开卷之作。如果他不选择革命，毫无疑问，他会为台湾文坛留下更加熠熠生辉的传世巨著。为解救被殖民被压迫的痛苦的台湾乡亲，谢南光毅然放弃了文学梦。从此，台湾抗日解放运动的队伍里多了一位斗士。谢南光曾任台湾文化协会常委、台湾民众党政治部部长、《台湾民报》总经理，这是台湾抗日阵营中十分显耀的三个职位，足见其在岛内抗日运动中的重要分量。

1921年10月，林献堂、蒋渭水等人发起成立台湾文化协会，积极开展反抗日本殖民当局的民族运动，林献堂被推为总理。文化协会团结各阶层抗日力量共同反抗日本殖民统治，对台湾人民产生了广泛影响。谢南光积极组织文化协会的文化巡回演讲活动，并承担了机关报《台湾民报》的大量工作。文化协会分为三派，即以林献堂、蔡培火为中心的改良主义派，以蒋渭水为中心的民族主义派，以王敏川、连温卿为中心的社会主义派。作为蒋渭水并肩戳力的战友，谢南光是蒋渭水一派的核心人物之一。1927年1月，文化协会改组，左派青年掌握了领导权，使文化协会"左倾"。林献堂、蔡培火等人退出文化协会。以后，蒋渭水一派也退出了文化协会。

1927年10月，退出文化协会的蒋渭水、林献堂等人组建台湾民众党，继续

▲ 1927 年 3 月，台湾农民组合代表团首次访问日本。前排左起：李伟光、古屋贞雄、谢南光；后排左二为简吉，右二为赵港。（图片来源：杨国光著《一个台湾人的轨迹》）

从事抗日运动。谢南光参与民众党的筹建工作，并以民众党代表身份赴南京参加孙中山先生的"奉安大典"。民众党二大宣言提出"对内唤起全台湾人的总动员，对外联络世界弱小民族及国际无产阶级共同奋斗"的纲领。民众党三大宣言又提出了"以农工为中心进行全民联合的民族革命斗争"，"对外联系世界无产阶级和殖民地群众"等新的纲领。蒋渭水和谢南光重视工农群众的力量，认识到这是台湾抗日解放运动的主要力量。谢南光著书《台湾人的要求》，阐述了民众党的发展过程和思想转变。台共领导人谢雪红一直坚持台共一大定下的基调——团结台湾民众党共同开展台湾抗日斗争，与民族资产阶级建立抗日的统一战线。身为台湾民众党政治部部长，谢南光清楚谢雪红与民众党往来关系，他曾在《台湾的民族运动》一文中，披露了台共与民众党曾有过的一段密切联系。后来，民众党的一些党员加入台共，谢南光则在上海加入了中国共产党。

《台湾民报》创刊于1923年4月，这是文化协会抵住日本殖民当局的压力而创办的汉文报纸，对台湾民众产生了重要影响，被称为"台湾人唯一的喉舌"。1929年2月10日，《台湾民报》刊登了一则格外引人注目的消息。其标题为《国际书局开张》，全文如下："彰化杨克培氏与谢雪红女士，这回在台北市太平町合同开办书局。闻该局锐意特集日华社会科学书籍杂志，以供民众之要求，于2月5日开业并在书局楼上招待各界披露云。"这则关于台共领导人谢雪红、台共党员杨克培创办国际书局的新闻报道，在提高国际书局知名度方面发挥了积极作用。《台湾民报》对国际书局的宣传，与报社总经理谢南光的支持分不开。谢南光多次光顾国际书局，书局的左翼出版物使他进一步了解共产主义革命思想，对他后来选择中国共产党的政治道路不可谓不重要。

二

1931年年底，由于岛内的抗日斗争遭到日本殖民当局棒杀，谢南光赴祖国大陆继续从事抗日活动。他组建上海华联通讯社，"揭穿日本侵华的阴谋，激成抗日情绪"，还创办了杂志《中外论坛》。1932年，经中共党员王学文（1927年曾赴台湾进行秘密的革命活动）介绍，谢南光秘密加入了中国共产党。晚年的王学文说，"谢南光同志在白区斗争最残酷的革命斗争低潮时期加入了党，没有牺牲精神是做不到的。"谢南光昔日战友朴素而真诚的话语，使谢南光之于中国共产党的执着与忠诚，一叶知秋。谢南光赴西安、广西、青海、兰州等地，频繁接触张学良、李宗仁等国民党内不同派系的将领，为动员国民党将领抗日做了大量工作。

1937年5月，时任驻日使馆参事的王芃生（湖南人）与谢南光、李万居（台湾云林人）、张锡祺和张锡钧兄弟（台湾高雄人）共同撰写了一份报告，分析当时华北方面日本侵略军的形势，预料日军将于7月上旬发动大规模攻势，揭穿日本侵略中国的阴谋。稍后发生的七七事变证实了他们判断的准确性。这份报告直接促成国际问题研究所的诞生。这个机构直接受命于军事委员会，专门收集并分析日本情报，以供最高军事当局参考。在国研所主任王芃生延揽的人才中，不乏中共地下党员及进步人士。谢南光负责国研所驻香港办事处对日情报工作期间，曾被怀疑与共产党"有染"而险遭不测，乡友李万居（先后负责国研所驻越南、驻港粤办事处工作）以全家性命担保才使他脱离险境。其后，谢南光转调福建，几经周折又回到国研所，任主任秘书，深得王芃生器重。另外，乡友连震东、张锡钧等也任职于国研所。

潘世宪是原国研所情报人员，中华人民共和国成立后曾任内蒙古大学教授，民革内蒙古自治区区委常委。在当年的"陪都"重庆，他曾受教于谢南光。潘世宪说：

> 王芃生让我住在他的办公室的套间里，首先叫我跟谢南光一起工作，谢也住在楼上。……谢交给我一叠报告东京方面日本股票行情的电报，要我整理，绘制图表。在太平洋战争以前，我们国研所一直是利用敌方的股票行情来分析敌情的。至于利用报纸、杂志和书刊材料来分析敌情，那更是我们一贯使用的最稳妥、最可靠的方法。最初，我还不懂如何来利用这些资料，是谢南光给我解说的。……我们靠的是平时长期积累的日本政治、经济、军事的分析研究结果，以最新的报纸、刊物的信息或偶然获得的有关情报加以印证，来做出我们的判断。

这段文字，使我们对谢南光所从事的对日情报工作有了比较直观的认识。谢南光等人对敌情的分析研究是多方位的，涵盖政治、经济、军事等，并结合情报信息综合判断。欧美国家则偏重于谍报人员获取的情报。潘世宪认为，这是国研所和欧美情报机构的分歧所在。其实，对情报真假的甄别亦十分重要，如若上当，将会使对敌战斗遇挫甚至遭受重大损失。与欧美情报机构获取情报的单一渠道相比，国研所的综合研究方法更加科学。

1941年10月26日，太平洋战争爆发前夕，国研所驻上海的情报人员张锡钧等截获了日军将偷袭珍珠港的绝密情报，并转呈重庆总部。据潘世宪回忆，国研所主任王芃生收到这份绝密情报，立即与谢南光、潘世宪共同分析研究其真实性和可能性，并追查情报来源，他们一致认为，"从日本国内外战时政治、经济、物资等形势来看，陆、海军想要孤注一掷，做最后的冒险是非常可能的。"王芃生等认定情报真实可靠后，立即上报。台籍人士张锡钧、李伟光、李纯青，及原国研所第二组组长袁孟超等的回忆资料，均提及国研所获取的这份重要情报。中方及时将情报通过美、英等国驻重庆使馆转各国军事参谋部门。一场原本可以避免的灾难，却由于美方不信任中方情报机构的能力，而没有对相关情报引起重视，并采取应对措施，终致美太平洋海军舰队受到不应有的巨大损失。事发之后，美方追悔莫及，方要求与中方进行情报合作。

抗战时期，谢南光填写的一份履历表有这样的文字，"家庭住址：重庆市李子坝三江村六号"，"妻姓名严恩绮，子谢秋成"。国际问题研究所总部设在重庆上清寺渔村，李子坝建设新村的石头房子是国研所第一组（对日作战组）、第二组（欧美组）、文书室及电台所在地，所里大部分工作人员在李子坝办公。谢南光的住所便在办公地附近。当时，谢南光的妻子严恩绮是国研所第二组研究员。中共地下党员袁孟超为第二组组长，与谢南光过从甚密。在抗战烽火中的重

▲ 谢南光（摄于 1946 年）

▲ 谢南光夫人严恩绮

庆，谢南光夫妇在李子坝度过了一段难忘的岁月。

三

1941 年 2 月 10 日，在重庆的台湾独立革命党、台湾民族革命总同盟、台湾革命党等台湾人抗日组织联合成立台湾革命同盟会，谢南光、李友邦、张邦杰三人为常委，轮流担任主席。此团体主张台湾光复，呼吁台湾人民参加祖国的抗日战争，对台湾人民产生了重要影响。台湾人民一直为台湾回归祖国怀抱而努力。1942 年 4 月 5 日，台湾革命同盟会联合东方文化协会等 16 个团体，在重庆抗建堂举行盛况空前的"台湾光复运动宣传大会"，印发《告台湾同胞及中国沦陷区内同胞书》。谢南光在大会上发言，阐述台湾与中国的隶属关系和收复台湾的意义。《新华日报》《中央日报》及中央广播电台等进行广泛宣传，使在重庆掀起的台湾光复运动不仅引起全国同胞瞩目，也吸引了国际社会关注。

▲ 1941 年 2 月 10 日，台湾革命同盟会在重庆成立。图为台湾革命同盟会执行主席谢南光在会上发言

谢南光和《大公报》记者李纯青（台湾台北人，1934 年加入中国共产党）亲如兄弟，工作关系甚密，他们与周恩来及其领导的南方局保持着某种联系。在共产党的舆论喉舌——重庆《新华日报》上，经常出现谢南光的消息。1940 年 3 月 17 日，谢南光在国际广播电台发表演讲《马关条约与台湾革命的当前任务》；3 月 30 日，谢南光发表演讲《从苏联抗敌经验说到寇汪必败》，以期唤醒在水深火热中之五百余万台胞，一致响应祖国抗战。1943 年 6 月 17 日，谢南光强调台湾与祖国大陆不可分割的血脉联系，要求祖国收复台湾；12 月 4 日，谢南光称，开罗会议使我们振奋，抗战胜利之日，就是台湾投入祖国怀抱的时候。1945 年 4 月 17 日，《马关条约》签订五十周年，旅渝台籍人士举行纪念会，谢南光阐明台湾人民在日本殖民统治之下的痛苦生活，及台湾人民从未停止的抗日斗争。上述这些出现在《新华日报》上的新闻报道，既扩大了谢南光等台籍人士主张光复台湾的影响力，更反映了中国共产党对收复台湾政治主张的极大认同和支持。

谢南光的呐喊能否穿透烽火、穿越海峡，传到他日夜思念的故乡台湾？曾任职于上海华联通讯社的台籍抗日志士王白渊（台湾彰化人，美术家、诗人）说："抗战中听说老谢在重庆，为台湾解放相当贡献。风说他在重庆的广播电台，明白地说他是谢春木，向台湾民众做激励的演讲。""因此，许多的台胞来找我，好像我亦做了一位要人一样，弄到神经衰弱。"台湾青年钟浩东跨海来到祖国大陆，原本打算到重庆追随抗日前辈谢南光，后来参加了丘念台领导的抗日组织——东区服务队。台湾青年吴克泰赴沪寻抗日之途，幸得在上海担任记者的同乡蒋时钦（台籍抗日志士蒋渭水之子）帮助。据吴克泰回忆，蒋时钦叮嘱他，如果到了国民党统治区，抗日就找同乡前辈谢南光。可见，谢南光透过重庆的电波，向数千里之外的台湾乡亲所做的抗日宣传收效甚著。

四

随着中国抗日战争和世界反法西斯进程的发展，归还台湾的问题也提上了议事日程。1943 年 12 月 1 日发表的《开罗宣言》宣布：东北四省、台湾、澎湖

▲ 20世纪50年代，谢南光一家在日本横滨。左起：谢南光长子谢秋成、谢南光、小女谢秋涵、谢南光夫人严恩绮

▼ 1965 年 4 月 25 日，谢南光夫妇参加台盟组织在京台胞春游颐和园的活动。左起：马再光、甘莹、苏子蘅、魏正明、陈文彬、何灼华、王碧云、许良锋、严恩绮、谢南光、陈炳基

群岛等，无条件归还中国。1944 年 4 月，台湾调查委员会在重庆正式成立，主要负责制定台湾接收计划和各项准备工作，陈仪任主任委员，台籍人士谢南光、李万居、李友邦、丘念台、黄朝琴、宋斐如、游弥坚等任委员。

1944 年，谢南光在《应该怎样收复台湾》一文中指出，"我们要解决台湾问题，不要闭门造车，必须勇敢面对现实，在现实里面求问题的解决。血浓于水的民族主义，这是我们的优越条件，台湾文化即中国文化，他们都是爱护祖国的，我们有着这种良妙的条件，使我们容易解决问题。"在 70 多年后的今天，这句肺腑之言仍然值得我们思考和借鉴。

谢南光对抗战胜利后的台湾社会有深刻思考，并提出了民主政治的主张。1945 年 10 月 7 日，台湾革命同盟会机关报《台湾民声报》刊谢南光文《光明普照下的台湾》。此文劝告即将到台湾的军政负责人"不要丧失了信心，不要将政治的光明前途断送官僚手里，一切为实施宪政，一切为完全地方自治而努力"，希望他们"信任台湾人，爱护台湾人，尊重台湾人，帮助台湾人达成他们的政治愿望"，希望国民党当局"立刻要成立民意机关，以尊重台湾的政治愿望来实现我们的新政，立刻开放言论、出版、集会、结社的自由。"1945 年 11 月 25 日，台湾《政经报》刊载此文。谢南光忧虑台湾的将来，他的呼吁引起了台湾人民的共鸣。

抗战胜利后，谢南光担任中国驻日代表团政治组副组长，组长是冰心的先生吴文藻，冰心也参加了驻日代表团的工作。谢南光还与负责办理日本赔偿和归还掠夺物资的中国代表团经济组组长吴半农关系甚密。经谢南光帮助，吴文藻、冰心夫妇，及吴半农先后回到中华人民共和国。1952年，谢南光由日本回到中华人民共和国，任第二届全国人大代表、第三届全国人大常委、中央华侨事务委员会委员等，为中日民间交流做了大量工作。

谢南光拼尽一生的力气，寻找台湾人民的出路，寻求台湾与祖国大陆的统一。在台盟的活动中，常常能看到谢南光的身影，他是以同乡身份出现的。台盟追随中国共产党，长期以来的奋斗目标是祖国统一，这也是在两岸台胞中颇具号召力的谢南光一生奋斗的目标和理想。谢南光晚年说："我当年只不过是一个普通青年，在人生的道路上能够找到真理，找到共产党，为台湾和祖国的解放事业贡献毕生的精力，感到了真正的幸福和人生的意义。"谢南光用自己的语言诉说着对共产主义信仰的忠贞不渝，诉说着浓浓的家国情怀和乡土之爱。

用生命书写家国情怀

许地山与周俟松夫妇

台湾和祖国原是一家人，好像兄弟一样，一时因为家庭经济困难，把小弟弟卖给别姓去，表面上算是脱离了家庭。这小弟弟在别姓管辖（即日本殖民统治）之下，受了很多痛苦，可是他的哥哥应该不会忘记他弟弟的痛苦的。

——许地山

许地山的散文名篇《落花生》影响了几代中国人。"许地山不止是文学家，不止是《缀网劳蛛》《空山灵雨》"，他在宗教研究领域颇有造诣，对香港文化教育事业贡献卓绝。香港沦陷前夕，许地山为抗战而积劳过甚，猝然病故。他用生命书写家国情怀，感动了每一个走进许地山文学世界的读者；他用生命作注解，阐明了台湾与祖国大陆割舍不断的血脉亲情。

一

许地山出生于台湾台南府城，父亲许南英是晚清进士。日本侵占台湾时，许南英任清政府台湾筹防局团练局领，扼守台南，抗日到最后。其后，许地山全家迁居福建龙溪。青年时代，许地山在北京参加五四运动，与瞿秋白、郑振铎等创办进步刊物《新社会》，是文学研究会的发起人之一。以后，他在友人熊佛西家邂逅了湖南湘潭姑娘周俟松。周俟松是邓颖超在天津南开中学时的同窗挚友，后毕业于北京师范大学数学系，一生从事教育工作。

1929年5月1日，许地山和周俟松在北京中山公园"来今雨轩"举行结婚典礼。许地山在这一天的日记中写道，"风和日丽，我们举行婚礼"。20世纪20年代，许地山作为文学研究会的中坚人物，以"落华生"（古时"华"同"花"，所以也叫落花生）为笔名的十多篇小说，已经名誉文坛，被胡适、茅盾等视为仅次于鲁迅的中国小说第二人。"来今雨轩"也是当年文学研究会的成立地，细心的周俟松将婚礼安排在此处是有深意的。

许地山早年毕业于燕京大学，后与冰心、梁实秋、熊佛西等同船赴美留学，入读美国哥伦比亚大学，后进入英国牛津大学学习。他先后执教于燕京大学、北京大学、清华大学、北京师范大学、中山大学、香港大学等，对宗教哲学、印度文学和民俗学等颇有研究。陈寅恪读许地山的佛道二教史论文后，对许地山甚是欣赏和推崇。我草草勾勒的这一经纶满腹的学者形象，是众所周知的。许地山如何看待台湾问题，如何认识台湾和祖国大陆的关系，则是本文关注的重点。

▲ 1929 年 5 月 1 日，许地山与周俟松结婚合影

二

许地山离开台湾的时候，只有一岁半，他对于台湾没有任何记忆。然而，他的作品常常出现台湾意象。他在《我的童年：延平郡王祠边》一文中写道，"台湾的割让，迫着我全家在 1896 年离开乡里"。听母亲说，登船离台之前，她"到关帝庙去求签，问问台湾要到几时才归中国。"签诗大意是，"中国像一株枯杨，要等到它的根上再发新芽的时候才有希望。"母亲"深信着台湾若不归还中国，她定是不能再见到家门的。"正是母亲的反复讲述，弥补了他幼年的记忆缺失。他寻找故乡的往昔碎片，尝试拼接台湾的模样。他曾整理出版父亲的诗集《窥园留草》，深知父亲守城失败的痛苦和愤恨。许地山承续了父亲母亲的台湾情结和家国情怀。1933 年，阔别台湾 38 年之后，许地山带着父亲的诗集《窥园留草》，偕夫人周俟松踏上了台南故乡的土地。

1927 年，许地山为乡友宋斐如的《台湾民族运动史论》所写的序文指出，"台湾和祖国原是一家人，好像兄弟一样"。他道出了台湾与祖国大陆的血脉亲情，让人感觉是那么的亲切自然。那时候，宋斐如虽然只是北京大学哲学系的一名学生，但是，他对台湾问题的研究颇有见地。许地山不仅在燕京大学任教，并在北京大学、清华大学兼课。他欣然提笔为宋斐如的文章写序，使我们不难推测，他们曾无数次谈论台湾问题，成为亦师亦友的师生关系。其后，宋斐如翻译了山川均（日共创建人之一）的论文《日本帝国主义铁蹄下的台湾》，许地山又一次写序，使我们进一步了解许地山对台湾问题的深刻思考：

> 我们不要忘记汉族底子孙有一部分已做了别族底奴隶……这一部分中底最大部分便是台湾人！羞耻和悲愤应当时常存在住在中国底任何国民底心里。

> 蕉农君（宋斐如）译日本山川均氏这篇论文，为底是使我们明了现在台湾人底状况。日本底台湾殖民政策，简单地说就是发展日本人在台湾底势力和利益，和排挤中国血系底台湾人……台湾人的物质生活与理智生活受了这样的摧残，已经很够受底了，在精神生活与道德

生活上，他们还继续地被破坏。

关于这一点，山川均氏还没详细地说出来，我希望译者后来可以写些出来给我们知道。

1930 年 9 月 10 日，译作由北平新亚洲书局出版时，更名为《台湾民众的悲哀》。当年，这部译作对两岸知识分子产生了一定影响，写在译作之前的这篇序文自然不会被细心的读者漏掉。以后，经胡适推荐，许地山赴香港大学任教，他和宋斐如在香江不期而遇，又一起投身于祖国的抗日救亡运动。

台籍青年张我军于 1926 年发表了前述山川均论文的中译本——《弱少民族的悲哀》，并将译文赠予鲁迅。张我军和宋斐如交情颇深，他俩先后

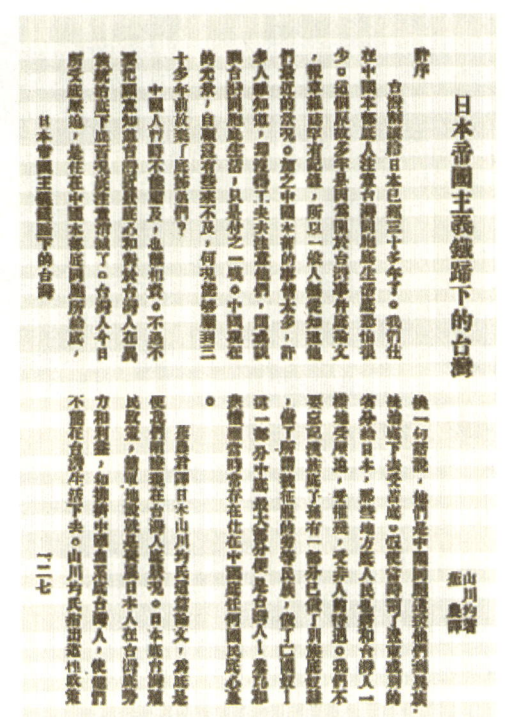

▲ 许地山为宋斐如（笔名蕉农）译作《日本帝国主义铁蹄下的台湾》所写序文，载于《新东方》1930 年第 3 期

翻译了这部日文作品。那么，为译作写序的许地山是否了解两个版本及两位译者的友谊呢？许地山、宋斐如、张我军都参加了在北京的台籍人士组织的抗日活动。许地山年长宋斐如十岁，两人结为忘年交。既然如此，许地山与宋斐如的同龄密友张我军是否有往来呢？由于史料所限，暂时难以解答，有待于新史料的发掘。

三

1937 年，抗战全面爆发，那一年冬天最冷的那一天，许地山现身于广州岭南大学，这位手握粉笔的教授发出了呐喊："我们底民族处在今日的危机上，希望英雄底出现比往昔更为迫切。"正是由于自幼经历了甲午战败带来的离乡背井的痛苦，面对山河破碎的他，更加渴望抗日英雄的出现。一年之后，广州沦陷，

▲ 周俟松所存许地山藏书一部分

岭南大学被迫停办，毗邻的香港大学同意岭南大学借其校舍复课，并提供了极大的帮助。在港大校园里，借读的岭大学生遇见了那位论"英雄造时势与时势造英雄"的许教授，使他们备感亲切和温暖。

1938年12月，许地山在《一年来的香港教育及其展望》一文中强调，"如果有完备的学校教育和补充的社会教育，使人人能知本国文化底可爱可贵，那就不会产生自己是中国人而以不知中国史，不懂中国话为荣底'读番书'底子女们了。"这是他致力于香港文化教育事业的核心理念。他在香港六年的工作，使整个香港文化生活为之改观。柳亚子后来说，"香港文化可以说是许先生一人开拓出来的"，此话并不为过。

当时，许地山除担任香港大学中文学院主任、教授外，还兼有许多社会性职务，譬如中华全国文艺界抗敌协会（简称"文协"）理事、文协香港分会常务理事、中英文化协会会长、中国文化协进会理事、新文字学会理事等职。诚如郑振铎所言，"神圣的抗战一开始，他（许地山）便挺身出来，献身给祖国，为抗战做着应该做的工作。抗战使这位在研究室中静静地工作着的学者，变为一位勇猛的斗士。"许地山女儿许燕吉这样形容父亲全心投入抗战的激情：中华民族已到了最危险的时候，一个已经备尝"亡国"之苦的台湾赤子胸中多年郁积的抗日救国热情，似火山一样迸发出来了。

许地山与宋庆龄交往甚密，宋庆龄在香港创立抗日救亡组织——保卫中国同盟，许地山夫妇积极参加相关工作。他们在罗便臣道125号的家，成为保卫中国同盟活动的场所之一。许地山在香港病逝后，宋庆龄第一个送去了花圈。

1940年5月1日，许地山与周俟松结婚十一周年纪念日，他们像往年一样带着一对儿女——周苓

▲ 1940年5月1日，许地山一家在香港合影

仲（从母姓）、许燕吉——去香港"景星"相馆照全家合影。这是许地山夫妇庆祝结婚纪念日的一种方式。许地山夫妇在北京生活了六年，又在香港生活了六年。每年的五一，对于这个幸福家庭而言，都是一个十分隆重的节日。然而，美好的光景不能永远存在。一年之后，许地山突然病逝，这样的家庭合影就不再有了。

许地山为香港《大公报》写过许多文章，他与此报副刊主编杨刚过从甚密。杨刚是中共地下党员，时任文协香港分会理事。许地山夫妇对杨刚十分信任。许地山之女许燕吉在《我是落花生的女儿》一书中写道：

　　《大公报》的名记者杨刚女士是我家常客。她总穿蓝布旗袍，不烫发，不化妆，在当时的香港是很少见的。我们称她杨先生，到客厅去见过就退出来，因为爸爸总要和她谈许久话。妈妈说她是共产党，我想共产党就是不一样，挺好的。我将来也不要摩登，要像共产党那样。

许地山支持共产党的抗日革命主张，帮助过许多有中共身份或倾共思想的

文化界人士，了解宋庆龄领导的保卫中国同盟与延安的来往关系。皖南事变后，许地山致电蒋介石呼吁共同抗日，并发表演讲反对摩擦，领头在文化界宣言上签名。

1941年的第一天，香港《大公报》刊登了一篇许地山的文章。此文写道：

> 我们不能时刻希求人家时刻之援助，要记得我们是入了壮年时期，是三十岁了，更要记得援助我们底就可以操纵我们呀！若是一个人活到三十岁还要被人"援助"，他真是一个"不长进"底人。我们要建设一个更健全的国家非得有这样的觉悟与愿望不可。

▲ 香港大学教授许地山

这是为辛亥革命三十周年，中华民国建立三十周年而作的。此时，抗战刚刚进入第五个年头，也是抗战最艰苦的时期。许地山关切国家命运和前途，他强调，"要记得援助我们底就可以操纵我们"。此话颇具预见性，后来的中国历史进程应验了这句话的含义。

1941年1月7日，许地山在日记中写道，"这几天外间谣传日本南进政策积极进行预备，据说大有一二月间占据香港之势。"根据当时的局势判断，他知道日本很可能会侵占香港，他在香港有家有业，仍然积极抗日，这需要很大的勇气，令人可敬可佩。许地山甚至以性命为从事抗战工作的台湾同乡做担保，可见其不顾一切抗日之坚定决心。

四

1941年8月4日，许地山为抗战而积劳过甚，心脏病发作，猝然病故，年仅47岁。当时，许地山和周俟松的儿子周苓仲只有十岁，他写下了一段文字，表达对刚刚病逝的父亲的深切怀念：

> 自抗战以来，难民到我们家门口，或是到大学的中文学院找爸爸
> 帮助的，络绎不绝，爸爸总是尽力替他们设法，送钱，找事，或是送
> 入救济所。记得有一次，我们在中文学院门口等爸爸一同回家，看见
> 他搀扶着一个衣裳褴褛的老者，从石阶一步一步的下来，原来也是一
> 个贫病求助的。事情并不稀奇，但是感动了我，指示了我应当怎样做人。

儿童视角下的"难民"是谁？他们来自哪里？他们经历了哪些苦难？此时，
香港尚未被日军占领，"难民"是本地人的可能性较小。由于许地山在香港文化教
育界颇具号召力，我们很容易将寻他而去的"难民"，与冲破抗战烽火辗转抵港的
文化教育界人士对上号。想必，周苓仲眼里"衣裳褴褛的老者"，亦非等闲之辈吧。

据周俟松回忆，那段时期，从内地来到香港的杨刚、邹韬奋、梁漱溟、徐悲鸿、
王济远、高剑父、关良、林风眠等中共人士和进步文化人士，得到了许地山夫妇
的无私援助，有的还在许地山家里住过一段时日。当年，周俟松是持有香港驾照
的、极为少见的中国女司机，是第一个会开车的中国教授夫人。不会开车的许地
山买了一辆奥斯丁汽车，周俟松常载着许地山往来于香港的盘山道上，出席香港
各界的抗日活动，她也曾接送过徐悲鸿、茅盾、柳亚子等。许地山夫妇视来港的
文化人士为国难中的亲人，总是尽其所能帮助他们。

中华全国文艺界抗敌协会总会设在"陪都"重庆，老舍主持日常工作。关
于许地山与文协，老舍写下了这样一行字："他（许地山）能在香港文协分会以
老大哥的身份德望去推动会务，而且在全国文艺界的团结上也有重大的作用。"
老舍和许地山交情笃深，并称"地山是我的最好的朋友"。那么，老舍的评价是
否带有一些个人的感情因素呢？

当年，许多从重庆转移到香港的文化界人士，参加了香港文协分会的抗日
活动。1940年1月，青年作家萧红和端木蕻良从重庆赴香港。在香港文协的活
动中，这对作家夫妇经常与许地山碰面。1941年元旦这一天，萧红和端木蕻良
收到了许地山夫妇邮来的自制贺年卡片，他们被许地山的人格魅力深深吸引。许
地山病逝后，端木蕻良撰文《追怀许地山先生》，悼念这位师友。这一则故事及
前述许地山与辗转抵港的文化界著名人士的交往，权且当作老舍对许地山所作评

价的一个脚注吧。

台湾"中研院"保存了一份抗战后期国民政府关于台湾工作的调查资料，这份日期为 1944 年 5 月 29 日的档案记录道：

> 其他台湾留居内地之望族为许地山弟许赞乔（现住龙岩）、侄许作新（现在漳任教，北平辅仁大学毕业）及李万居（法巴黎大学毕业，学者风度，常出入广州湾，现已赴渝）等。

▲ 1941 年元旦，许地山夫妇赠送萧红、端木蕻良的自制贺年卡

李万居时任国民政府军事委员会国际问题研究所少将组长，常驻"陪都"重庆，他在大陆的台籍人士中颇孚名望，被归为"望族"并不奇怪。调查资料显示，许赞乔、许作新之所以被列入调查范围，则基于他们与许地山有亲属关系的缘故。在许地山逝世三年之后，国民政府为何仍然关注与许地山有关的信息？与此同时，参与国民政府收复台湾工作的宋斐如，在《如何收复失地台湾》一文中强调，"台人之服务贡献于祖国教育文化如许地山者，功绩不为不伟"。许地山的影响力可窥一斑。

许地山曾对"青年说历史是远水解不了近渴，不解决当前的问题"这一观点表示担忧，希望青年朋友们好好学习培根的名言——读史使人明智。在许地山逝世 76 年后的今天，这一忠告对我们仍然适用。周俟松整理许地山文稿，她编的《许地山研究集》是第一部许地山研究资料的汇编。回归祖国后的香港大学召开"许地山教授学术研讨会"，大陆、香港、台湾学者及海外学者参加了研讨会，这是许地山研究进一步深化的标志，更是两岸"共享史料、共写史书"的表现之一。许地山及那个时代的台籍精英已成为历史的一部分，他们留下的文字，向我们诉说着那一代台湾人的奋斗之路。回顾他们走过的历程，使我们了解中华民族曾经历过的苦难，理解那一代台湾人的家国情怀。大陆和台湾是一家人，血脉亲情岂能割断！

英雄伉俪的抉择

宋斐如与区严华夫妇

我在祖国二十多年工作的目的，就是要台湾重回到祖国的怀抱，因为台湾的人民，也就是祖国的人民，台湾的土地，也就是中国的版图。今日台湾已重返祖国，亲兄弟"久别重逢"，这是人生最快乐的一回事！不幸，在这欢乐声中，有一种不好的现象，就是近来在社会上舆论上，看到本省人与外省人有些隔膜。因此"我们如何溶化在一起"这个问题值得我们研究。

——宋斐如

　　2015 年 10 月，我拜访了台盟原副主席李纯青遗孀谈家芳女士。谈老回忆烽火岁月的重庆经历，并告诉我，李纯青和宋斐如是好朋友，宋斐如在重庆主编抗日刊物《战时日本》，其妻区严华是得力助手。谈老曾任职于重庆《大公报》，叙及这位日本问题研究专家、报界同仁遇害情形时，饱经风霜的谈老心绪显得很沉重。宋斐如为台湾人民的民主和自由奔走、呐喊竟遭沉尸，其妻也牺牲于台北马场町刑场。回望宋斐如伉俪短暂的生命，使我们思考那一页不算遥远的沉重历史。

— 一 —

　　宋斐如原名宋文瑞，出生于台湾台南，先后就读于北京大学经济系、东京帝国大学政治经济系。1927 年，几位负笈北平的台湾学生创办进步刊物《少年台湾》，架起了两岸文化沟通的桥梁，期盼台湾重新回到祖国的怀抱。他们分别

▼ 1946 年，宋斐如与区严华夫妇在台北

是北京大学学生宋斐如（主编）、洪炎秋（主要执笔人）、苏芗雨，北平大学学生吴敦礼，北平师范大学学生张我军（主要执笔人）。这群意气风发的台湾青年在北平文化界崭露头角。时任燕京大学教授的同乡许地山对宋斐如的才华甚是欣赏，欣然提笔为其著作《台湾民族运动史论》、译文《日本帝国主义铁蹄下的台湾》（原著者为山川均，日共创建人之一）写序。

1930 年，宋斐如与刘思慕、吕振羽、郑侃、谭丕模、穆雨君等创办月刊《新东方》，宋斐如任主编。在此基础上，他们成立了以研讨日本问题和东方民族运动为中心的东方问题研究会。《新东方》曾因其浓厚的革命色彩和强烈的战斗精神被国民党定为"共产党派别"的刊物而予查禁。

每一个中国人，都不会忘记"九·一八"和七七国难，这是日本帝国主义侵略中国的两个重要历史节点。1931 年，"九·一八"的炮火导致中国东北三省沦于日寇的铁蹄之下，千百万东北同胞颠沛流离、无家可归。宋斐如关切同胞的命运，撰写《东北事件的经济解释——日本经济的衰落与东北事件》《东北事件与帝国主义战争》与《东北事件与日本社会革命》等针对"九·一八"事变的专论，从政治经济学的角度剖析日本侵略中国的本质，强调日本经济的衰落和东三省丰富资源的吸引，是东三省被蹂躏于日本帝国主义铁蹄下的根本缘由。1937 年，日本侵略者向卢沟桥开火，中国人民抗日战争全面爆发。宋斐如撰文《一年来的日本》，科学分析这一年中日之间发生的事件及存在问题，并强调，"且看这个强盗能横行到几时"，表达了中国人民抗战的决心和信心。面对日本侵略者的炮火，宋斐如等台籍志士为中华民族抗战积极奔走呼号的身影，载入了中国人民抗日战争的史册。

宋斐如和爱国抗日将领冯玉祥过从甚密。冯玉祥隐居泰山时，宋斐如辞去北大教职，任冯玉祥的泰山读书研究室主任。他组织进步教授、学者李达、陈豹隐、陈定民、赖亚力、范枢铭、李季谷、吴祖缃等为冯玉祥及其部属讲授唯物辩证法、世界经济、《资本论》、日语，介绍世界反法西斯形势及日本国情，报告国际政治、经济情势等。在此期间，宋斐如曾说服冯玉祥掩护中共党员刘思慕夫妇脱险泰山。宋斐如追随冯玉祥赴察哈尔抗日，负责抗日宣传工作，并以冯玉祥代表身份出席在武汉召开的国际反侵略运动大会中国分会成立大会。到"陪都"重庆后，宋斐如推荐曾任新四军《抗敌报》编辑的姜庆湘为冯玉祥讲授中国财政史、战时经济问题。

二

宋斐如组织战时日本问题研究会，创办刊物《战时日本》，剖析日本内外交困的状况与国际反法西斯斗争形势，宣传抗战必胜的思想。因受战事影响，《战时日本》由武汉先后迁广州、香港、桂林、昆明、重庆等地出版。李友邦、谢南光、谢东闵、李纯青、许涤新、刘思慕、郭沫若、张友渔、张铁生等是《战时日本》的主要撰稿人，此刊还得到了庄希泉、邓初民等进步人士的大力帮助。一位日本学者称，宋斐如主编的《战时日本》，对战时日本帝国主义的分析，可以说是激昂抗日精神的力量之一。

在香港期间，《战时日本》编辑部设在九龙弥敦道242号，这是宋斐如向区季谋先生租借的一间十余平方米的斗室，办公兼起居室。房东区季谋的长女、法学院毕业生区严华（广东人）也参加了刊物的编辑工作，并跟随宋斐如辗转到重庆。以后，他们结为伉俪，其子宋亮在重庆诞生。当时，《战时日本》编辑部设在重庆中山一路（今七星岗）170号附1号，宋斐如伉俪的住处应该距离编辑部不远，重庆七星岗、抗建堂、上清寺、牛角沱、李子坝等地留下了他们的足迹。

▲ 《宋斐如文集》（共五卷），2005年由台海出版社出版

宋斐如和任职于《大公报》的同乡李纯青相识于抗战烽火中的香港，后在"陪都"重庆携手奋战。在李纯青看来，宋斐如常常"眯起眼睛，微笑说话，前额显出几线浅浅的皱纹"，"是经过风霜的"，"是一个几十年奋斗有成就的文化人。"李纯青精准地刻画了宋斐如的文人气质，不失为一段颇富神韵的人物速写。

1942年3月下旬，台湾革命同盟会联合在渝的东方文化协会、国民外交协会、中苏文化协会等16个文化团体共同筹备成立台湾光复运动大会。作为台湾革命同盟会的常务理事，宋斐如是这次活动的主要负责人之一。同年4月5日，声势浩大的台湾光复运动宣传大会在抗建堂举行。宋斐如代表台湾革命同盟会在大会上发表题为《台湾的惨状与祖国的责任》的演讲。他强调，台湾是中国的领土，台湾革命的目标非常单纯，就是要求回到祖国温暖的怀抱；收复台湾失地，不仅是台湾人民的责任，更是全国同胞的共同责任。重庆各报出版了台湾光复运动专刊，爱国抗日将领冯玉祥为专刊撰文《我们要赶紧收复台湾》。冯玉祥此举自然与密友宋斐如的策划不无关系，这位国民党爱国将领也鲜明表达了对台籍爱国人

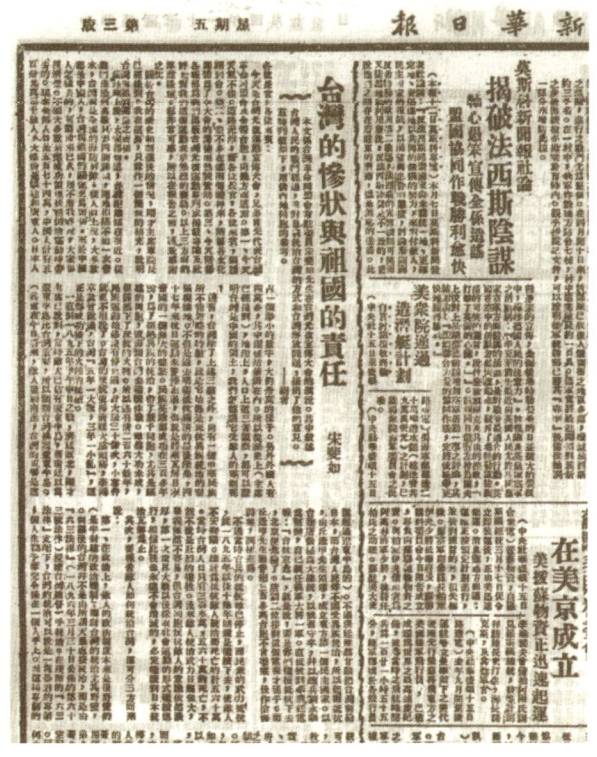

▶ 1942年4月17日，《马关条约》签订纪念日，《新华日报》刊登宋斐如代表台湾革命同盟会在台湾光复运动大会上发表的演讲《台湾的惨状与祖国的责任》

士抗日运动的支持。重庆举行的台湾光复运动在海内外产生了广泛影响。

1942年8月，美国舆论界抛出了台湾"国际共管论"。消息传来，一片哗然。国共两党对此严厉批驳，在重庆的台籍人士也纷纷撰文反对这一谬论。宋斐如以《如何收复失地台湾——血浓于水台湾必须收复》为题予以驳斥，他在文中写道："迩来美国舆论对于战后中国领土问题多有错误的主张，其谓'台湾应划归国际共管，台湾不宜划为中国领土，台湾居民亦不得投票，要求归回中国'。尤为荒谬绝伦，台湾与中国的历史上和地理上，皆有极其密切的关系，血浓于水，台湾必须归还中国，固无疑义，此种措置亦未为法理及人情所支持，实不容国际人士因别种战略上的打算而有所变更。"宋斐如既是日本问题专家、文化新闻界知名人士，也是台湾革命同盟会的主要领导人之一，他的观点代表了广大台湾人民的共同心声。

宋斐如为抗战胜利、光复台湾付出了诸多努力。他关于抗战研究、日本敌情研究和台湾问题研究鞭辟入里，剖析日本军国主义诸矛盾的专题论文颇具国际影响，并参加了国民政府收复台湾的工作。

三

1945年10月5日，宋斐如与李纯青、李万居、黄朝琴、游弥坚等十几位台籍人士一起随"前进指挥所"人员从重庆返台。此时，他的儿子宋亮出世仅13天，妻子区严华尚在坐月子。台湾即将回到祖国怀抱，台湾人民半个世纪的渴盼终成现实。在此关键时刻，参与祖国接收台湾工作的宋斐如深知，家乡的父老兄弟更需要他，于是，他不得不在家庭最需要的时候离开。区严华理解支持丈夫的决定。台湾光复后，宋斐如担任台湾省行政长官公署教育处副处长、台湾省行政长官公署设计考核委员会教育文化专门委员会委员，是当时的台湾省行政长官公署中职位最高的台籍人士。稍后，区严华带着儿子宋亮也到了台湾。具有法学专业大学学历的区严华，先后任职于行政长官公署法制室、台湾省政府法制室。

宋斐如为推动台湾教育与文化改造做出了积极贡献，并提出三大原则：一是教育台胞成为中国的主人；二是希望台胞学习中华传统文化，使"归宗"二字

▲ 1946 年，宋斐如（前排右三）及夫人区严华（前排右一），与台湾少数民族同胞在一起

名副其实；三是培养台胞成为"世界人"。他认为，"以往闭塞孤立的教育，已被打破，将六百万台胞带入四万万人大舞台门路，业已开辟，甚至带上国际舞台，使他们得以变成现代的世界人。"这是光复后的台湾教育所带来的根本性变化。

宋斐如告诉乡亲，"我是回来为家乡服务的，不是回来做官的。"这成为他回台后的行动准则，也是他创办《人民导报》的初衷。1946 年 1 月 1 日，《人民导报》创刊，宋斐如任社长，苏新、陈文彬、戴青田等先后担任总编。宋斐如说，在光复后的台湾，如何使人民成为国家的主人，这是一件艰辛的工作，《人民导报》的职责便是站在人民的立场，为文化教育而努力，为国家尽一份贡献。据戴青田回忆，《人民导报》几乎天天"闯祸"，被国民党视为眼中钉而横加刁难，若非宋斐如顶着勉强出版，可能三天都挺不过去。身为教育部门官员，宋斐如却办反映民意、反对当局专制腐败统治的民间报纸，其本人及报社的艰难处境可想而知。对他而言，办报虽然不是正业，却是言论报国的志向和事业。与当年某些日销二十几万份的台湾官方报纸相比，日销万份的《人民导报》规模小、条件差，然而《人民导报》的意义和影响却不小。

据台籍中共党员、《人民导报》记者吴克泰回忆，宋斐如曾以《人民导报》社长身份出席长官公署组织的台湾记者公会成立会。宋斐如在会上措辞犀利："在重庆时有人问我台湾人是不是长角的，你们现在到了台湾看见台湾人有谁长

▲ 1947年"二·二八"事件前夕，宋斐如、区严华夫妇及儿子宋亮在台北新生南路寓所前合影

角的？但是，台湾人民是会斗的，日本侵台后，他们同日本人进行了二十年的武装斗争。"吴克泰认为，宋斐如借机讽刺国民党当局对台湾和台湾人民缺乏了解，并暗示当局如果继续欺压台湾人民，台湾人民是会反抗的。几个月之后，台湾人民反抗国民党恶政的"二·二八"事件爆发。

1947年2月19日，"二·二八"事件前夕，宋斐如被当局免去教育处副处长职务，这并不出乎他的意料。在他的视野里，台湾人民是第一位的，需要为之真诚付出；副处长职务则轻如一片羽毛，随时可以放弃。

在台湾"二·二八"事件中，宋斐如撰写社论称，"在这剧烈变动当中，如果当局回忆初来台时，台湾同胞箪食壶浆的欢迎盛况，与今日一相对照，当可恍然自省。"他再提光复时台湾人民满怀希望迎接国民党接收官员和祖国军队到来的情景，与当时台湾人民对国民党恶政的反抗形成鲜明对比，直戳问题要害。

因批评国民党当局的种种劣迹，宋斐如于1947年3月12日被国民党情治机构绑架。宋斐如在祖国大陆从事文化教育工作20年，为台湾回归祖国呐喊奋斗20年，然而，台湾重回祖国怀抱还不及20个月，他却惨遭国民党当局杀害。宋斐如夫人区严华因"掩护进步人士，煽动台大学潮"，也于1950年1月被国民党当局枪杀。如今，这对英雄伉俪的名字被镌刻在深圳市革命烈士纪念碑上。宋斐如夫妇走了一条中国知识分子应该走的路，做了爱国爱乡的台湾人应该做的事，他们短暂的人生熠熠闪光、明亮璀璨！

抗日斗士的不了情

苏新与萧不缠夫妇

李石樵的美术作品《合唱》，是描写台湾光复当初，几个小孩子，在被美空军轰炸成为废墟的街头，一人奏口琴，其余合唱，欢天喜地，庆祝台湾的光复。这种情景是台湾历史上值得记录的。

——苏新

在那个特殊年代，海峡两岸的隔绝曾造成了无数家庭骨肉分离、妻离子散的痛苦。一湾浅浅的海峡，使苏新与家乡永别，与心爱的妻子萧不缠和年幼的女儿永别。离别四十载，萧不缠终于跨过浅浅的海峡来到大陆，然而，苏新已长眠于长城脚下。苏新的家庭悲剧，只是千千万万个被割裂的家庭中的一个，是那段痛苦历史的一个片断。

苏新出生于台湾台南。在台南师范学校学习期间，因带领同学抗议日籍教师对台湾学生的歧视，被校方开除。遂于 1924 年赴日本东京留学，考入东京外国语学校英文学系。他筹组东京台湾社会科学研究会，后任台湾青年会书记，在台湾学生抗日运动中崭露锋芒。1927 年，王敏川在东京创办改组后的台湾文化协会机关报《大众时报》，苏新正式加入台湾文化协会，担任《大众时报》主编。

1928 年 4 月，台湾共产党（全称为"日本共产党台湾民族支部"）在上海诞生。同年 9 月，台共东京特别支部成立，由陈来旺负责。苏新和挚友萧来福（台南同乡）一起参加台共组织。苏新在东京中野町的寓所——《大众时报》社址——成为台共在东京活动的一个秘密联络点。

▲ 1928 年，苏新在日本东京

从参加带有共产主义倾向的学生运动，到成长为一名台共党员，苏新不停地思考台湾抗日解放运动，其认识逐渐深刻起来。苏新说：

> 我在留学日本六年多的这一段时期，在不断的马列主义的研究中和参加"台湾社会科学研究会"成立以后的活动中，逐渐体会到阶级斗争和社会革命的本质；体会到青年运动、学生运动、马列主义的研究也是台湾解放运动的一部分；体会到这些运动必须与台湾工农运动及"文协"的文化运动结合起来；台湾的解放运动必须在日本无产阶级革命运动的协助下，由台湾共产党领导才能取得胜利。

1929 年，苏新返台从事工运。他和萧来福等领导基隆地区矿山和铁路方面的工人运动，在台湾北部矿区成立台湾第一个矿山工会，苏新任矿山工会负责人，并组建下属支部组织，扩大矿山工会的影响力。苏新和萧来福经过一年多的艰苦努力，使台湾北部矿区工运有较大起色。在此之前，台湾矿区工运尚是一片空白。苏新与萧来福在北部矿、林区开展工运，庄守与刘守鸿在高雄运输工人中开展工运，为台共领导台湾产业工人开展抗日运动打下了基础。1930 年 10 月，苏新以矿山工会及台共基隆支部负责人身份参加台共"松山会议"。他在工运方面的显著成绩，奠定了他在台共组织中的重要地位，并在台共二大中当选为台共中央委员。1931 年，苏新因"台共事件"被捕入狱，被判刑 12 年。

二

苏新英俊潇洒、才华横溢，苏新夫人萧不缠知书达理、温婉美丽，这对才子佳人的浪漫爱情令人唏嘘感叹。不过，他们最初的邂逅，却不是恋人们通常该有的温暖而浪漫的画面。他们第一次相遇，有一道冰冷铁窗挡在他们之间。当时，萧不缠随母亲去台南监狱探望因"台共事件"被日本殖民当局判刑的兄长萧来福，也见到了苏新。苏新是萧来福最信赖的朋友。正是由于这层特殊关系，萧来福极力撮合苏新与妹妹萧不缠的姻缘。

苏新与萧不缠的女儿苏庆黎说：

▲ 1943 年 9 月，苏新与夫人萧不缠女士在台湾彰化

来福舅舅的机智、幽默，以及他的信念和热情，赢得了萧家兄弟姊妹的热爱，他的遭遇对萧家的打击可想而知。正因为对来福舅舅的敬爱，使得母亲在他出狱以后难以拒绝他对苏新的推荐。父亲常对母亲提到，他和来福舅舅是同吃一颗花生的，表示他们之间的亲密和同甘共苦。

台湾民众视因抗日被捕的"政治犯"为英雄。对于萧不缠而言，狱中的兄长萧来福及他的战友们都是值得尊敬的义士。1943年9月，苏新刑满获释，他与萧不缠在彰化举行结婚仪式。苏新夫妇回到台南佳里老家。

台湾光复后，苏新重新拿起笔，活跃于台湾新闻界和文化界。他先后担任台湾《政经报》《人民导报》《台湾文化》《自由报》《台湾评论》主编、总编辑等职，宣传爱国民主思想，并与中共台湾省工委有着某种特殊联系。

作为台湾文化协进会理事、《台湾文化》主编，苏新策划出版了鲁迅逝世十周年专刊，这是台湾最早的，也是仅有的一次纪念鲁迅专辑。在台北的鲁迅同乡好友许寿裳和鲁迅的学生黄荣灿（重庆人，主编刊物《新创造》，创作反映"二·二八"事件的著名木刻版画《恐怖的检查》），对纪念专刊给予大力支持。此专刊发表了许寿裳的《鲁迅的精神》、田汉的《漫忆鲁迅先生》、黄荣灿的《他是中国的第一位新思想家》等文，使台湾民众认识了鲁迅及其爱国民主思想，在台湾文化传播史上具有特殊而重要的意义。

萧不缠对丈夫的政治倾向和工作性质有所察觉，她了解政治的复杂性和危险性，从不接触丈夫的工作。她认为，对丈夫的工作一无所知，就是对他最好的保护。苏庆黎说：

> 由于舅舅的经历，母亲深知政治的复杂性和危险性，为了防范将来父亲出事时，会被官宪用来压榨线索，她一向对父亲的事不闻不问，当然更谈不上出主意。她总是说，要是国民党抓了她，就是打死她也挤不出东西来。

1946年，苏新夫妇的女儿出世。苏新中年得子，喜不自胜。他为女儿取名"庆黎"，庆祝台湾光复，庆祝黎明的到来。这一年的中秋节是苏新永生难忘的日子。

对于许多家庭而言，中秋家人团圆并非难事。然而，这却是苏新一家三口记忆中唯一的中秋之夜。苏新说，"我抱着庆黎，和爱人对酌。这是我一生中最难忘的、最幸福的一次团圆。"

为了支持苏新的工作，萧不缠放弃自己的事业，离开了高雄医院护士长的岗位。她对丈夫说，她名"不缠"，意味着不拖丈夫的后腿。苏新则认为，妻子做出了牺牲，这对妻子是不公平的，为此而深感歉意。在家庭生活中，苏新尽量帮妻子分担家务。他爱护妻子，主动让她出门散心，自己则一手抱着女儿庆黎，一手提笔赶稿子。当时，物质匮乏，生活艰难，苏新夫妇养了一些鸡鸭以补充物质供应的不足。鸡蛋是孩子的主食之一，如果有剩余的，才轮到苏新夫妇。萧不缠像当时的许多传统女性一样，认为丈夫和孩子应该优先，但是，苏新坚持平分食物，一个小小的鸡蛋，他也要用刀子平分为两份。从这些微不足道的家庭小事中，我们可以窥见他们相濡以沫的夫妻情。

1947年，台湾"二·二八"事件爆发，苏新参加了台湾人民反抗国民党当局，要求台湾实行民主自治的全岛性抗争运动。《自由报》社长王添灯是"二·二八"事件处理委员会委员、宣传组长。作为王添灯参谋团队的一员，苏新参与撰写王添灯的广播稿、演讲稿等。王添灯因提出主张台湾民主自治的"三十二条"而惨遭当局杀害，苏新也上了国民党的"黑名单"。国民党情治人员天天到苏新家追查其下落，并监视萧不缠的行动。萧不缠当然知道不能有任何动作，否则，将暴露苏新的行踪。5月，情势稍有缓和，苏新托人秘密联系萧不缠母女。5月23日，苏新一家安全抵达上海。

苏新联络上海《大公报》主笔李纯青，并与李伟光领导的上海台湾同乡会取得联系。其后，苏新接受李纯青和李伟光的建议，转赴香港。由于他无法估计香港的工作和生活情况，于是托同乡吴克泰、蔡子民将萧不缠母女送回家乡。苏新原以为这只是暂时的离别，再聚的日子不会太远。谁曾想，这竟然成了永别，他们一家三口从此隔海相望，月圆落泪，月缺滴血！苏新和妻子萧不缠在一起生活了四年，时间是很短的，但是，那段幸福时光留给他们的回忆却是很长很长的。

三

　　1947 年 7 月 8 日，苏新登上"永生轮"离开上海，7 月 13 日抵港。在香港期间，苏新与中国共产党联系，在党的领导和支持下，发表了大量反美、反蒋、反"托管"、反"台独"的通讯和评论等，表达对台湾问题的观点和政治态度，这些进步言论对海内外的爱国台胞产生了积极影响。

　　苏新与谢雪红等人在香港共同创办新台湾出版社，出版《新台湾丛刊》，苏新和杨克煌担任编辑。《新台湾丛刊》的主要影响群体是在岛内的台湾民众。台盟成立后，《新台湾丛刊》成为台盟早期机关刊物，批驳廖文毅等人的"托管""台独"谬论，响应中共"五一口号"，增强了台湾人民对中国共产党爱国民主思想的了解和认识。

　　当年的翩翩少年林东海从台湾到香港，在苏新的引荐下见到了仰慕已久的谢雪红。林东海在香港加入台盟，是台盟早期革命活动的亲历者和见证人。在一次出版活动中，我有幸认识了林东海先生。林老年近九旬，神采奕奕，十分健谈。他说："谢雪红很信任我，让我搬到筲箕湾，和他们住在一起。我和苏新、杨克煌、周明

▼ 苏新的著作

▲ 1950 年五一节，在沪台盟盟
员参加五一集会后合影。左起：
简德旺、李绍东、谢雪堂、李
乔松、周青、蔡子民、李玲虹、
陈火城、叶绿云、王天强、甘莹、
李伟光、苏新、谢知母等

住在一间屋子，屋内摆放着四张军用折叠帆布床。杨克煌和周明的床靠一面墙，苏新和我的床靠另一面墙。苏新的床边有一扇窗户，窗台上放着一张相片，是他的夫人萧不缠抱着女儿苏庆黎的合影。"台盟前辈林东海对香港时期的经历记忆犹新。

▲ 1980 年，苏新在北京劲松家中

1948 年，经谢雪红、杨克煌介绍，苏新加入中国共产党。当时，他参加了国际问题研究会日本组的工作，受夏衍直接领导。其后，苏新以"庄嘉农"为笔名，在香港出版著作《愤怒的台湾》，阐释台湾和祖国大陆不可分割的血脉联系，表明反对台湾"托管""独立"等谬论的鲜明政治立场，引起了广大爱国同胞的共鸣。

1949 年 3 月，苏新由香港抵北京，长期从事党的对台宣传工作。苏新曾在华东人民广播电台、中央人民广播电台负责对台广播，他与蔡子民夫妇长期合作，通过电波向台湾乡亲介绍祖国大陆的建设，传递大陆同胞对台湾同胞的关切之情，表达期盼祖国统一的愿望，对海峡对岸的爱国同胞产生了积极影响。以后，苏新与翁乃玉在北京组建了一个新家庭，翁乃玉女士陪伴他走完余生。1978 年，苏新任台盟总部常务理事、全国政协委员等职。

苏新晚年对台共的有关历史进行了阐述。他在《关于"台独"问题》一文中指出，台共所谓"台湾独立"，是在台湾沦为日本殖民地的特殊历史背景下提出的，是反抗日本殖民统治的民族解放运动，有"台湾归还中国"的准备。作为这段历史的亲历者和见证人，苏新认为台共提出的"台湾独立"是正确的、爱国的。苏新一生的革命经历，及其反对"台独"的坚定立场，亦证实了这位日据时期的台共人士蕴藉于胸的强烈祖国情愫。其后，他在未完成的遗稿《台湾共产党的历史》中，分析了台共与共产国际、中共、日共之间错综复杂的关系，强调中共在台共抗日

▲ 苏新

斗争中所发挥的实际领导作用。如今，海峡两岸越来越多的学者关注台共抗日史，肯定台共人士的爱国爱乡情怀，这正是当年苏新提笔在纸上留下点点墨痕的用意所在。

在搜集苏新资料的过程中，一位台盟老同志告诉我，他每次去苏老家，都看见苏老在书桌前奋笔疾书。我理解古稀之年的苏新与时间赛跑的心情，他关于台湾史的研究和台湾问题的评析，力透纸背、入木三分，他坚信"中华民族一定会团圆"。实现国家统一，复兴中华民族，这是苏新的心愿，更是包括台湾民众在内的全体中国人民的最大梦想！

投身祖国革命的台湾医生

李伟光与倪振寰夫妇

1920年11月，我们医学校四年级同学一反过去到日本做毕业"修学旅行"的惯例，组织观光团到当时的革命根据地广州旅行。我们经厦门、汕头、香港到广州，参观了黄花岗烈士墓和孙中山的军政府等，听一位中学校长兼军政府议员的介绍，受到很大鼓励。通过这次旅行，我体会到祖国革命的伟大，并目睹了日本人到处耀武扬威，我更明确了革命道路。

——李伟光

　　李伟光是追寻中山思想的一位台湾知识分子，立志医治台湾社会的沉疴痼疾，并领导了轰动全岛的反日农民暴动。他参加中国共产党在上海开展的革命工作，并以台盟代表身份参加中国人民政治协商会议第一届代表大会。除了这些具有传奇色彩的人生经历外，他还有一个鲜明的身份——台湾医生。在投身祖国大陆革命洪流的台湾人中，台湾医生是一个重要群体。李伟光的人生经历，就是我们认识这一群体的鲜明事例。

　　李伟光，原名李应章，出生于台湾彰化二林。他有一张青年时代的照片十分特别。这是拍摄于 1923 年的一张老照片，照片中的李伟光只有 26 岁，着浅色

▲ 1923 年，骑摩托车出诊的李伟光医生

西服，戴礼帽，穿长筒皮靴，骑一辆崭新的摩托车，时尚新潮、神气十足。20 世纪 20 年代，摩托车是一种十分昂贵的新型交通工具。那时候，自行车已然是城市一道靓丽的风景，更遑论嗷嗷怪叫、飞驰而过的摩托车。当年的李伟光难道是一名追逐时尚的新潮青年？作为一名医生，他为什么会买下这辆价格不菲的摩托车？

　　李伟光是台湾第一代西医，1921 年从台北医科专门学校毕业后，回家乡二林开办了保安

医院。李伟光生活节俭，这辆进口摩托车是他专为出诊救治急重病人而添置的。他经常骑着摩托车，穿梭于乡间小路巡回诊疗。一些交通极不方便的乡村，他则骑马去。李伟光免费为农民治病，从不误诊，深得农民的信赖。

这位台湾医生不满足于只为乡亲治疗身体的病痛，更想医治社会的沉疴痼疾。李伟光说，"台湾这个贫血症，已经成了一种沉疴了，病人联榻，个个呻吟，此声终聚成一个声响，乃势所必然的。"他曾于1920年随学校观光团到广州，

▲ 青年时期的李伟光

参观黄花岗烈士墓、孙中山的军政府等，孙中山先生的革命思想和广州浓厚的革命氛围对李伟光触动很大。返台后，他积极参加抗日活动，并参与创建台湾文化协会，担任文化协会理事。作为台湾农民运动先驱，他领导的农民抗争运动在台湾抗日史上占有重要地位。

李伟光的家乡二林盛产甘蔗，他对制糖厂随心所欲剥削蔗农的制度有深刻认识。台湾制糖厂（绝大多数是日本资本）根据日本殖民当局的命令，采用"原料（甘蔗）采收区域制度"和"产糖奖励法"剥削台湾农民，即蔗农无权自行出售甘蔗，价格、重量、等级均由制糖厂单方决定。台湾农民流汗流血，遭受压榨，是可忍孰不可忍！李伟光关心台湾农民疾苦，于1925年组建了台湾第一个农民组织——二林蔗农组合，并领导了反抗日本殖民统治的二林蔗农事件。作为这次抗日斗争的领导者，李伟光被日警逮捕入狱。他在狱中赋诗"幸得身如松与柏，

▲ 1927 年 4 月，台湾农民运动领袖李伟光（右）与简吉在二林

凌霜傲雪不凋残"，表达了抗争到底的决心。

　　出狱后，李伟光的行动受到日本殖民当局的严密监视，他打算回祖国大陆参加革命。曾与他并肩战斗的台湾农民运动领袖简吉、赵港对此表示不理解。李伟光回忆道：

简吉、赵港曾当面批评过我，指出我没有勇气，一碰到敌人镇压就要回祖国去。我解释道，这并不是向敌人低头，而是为了更彻底的革命。

当时，简吉和赵港已成长为台湾共产党的骨干成员。其实，就台湾共产党而言，其战场也不局限于台湾岛内，还包括台共领导人翁泽生、林木顺等在祖国大陆开辟的抗日阵地。翁泽生、林木顺团结在祖国大陆的台湾青年参加中国共产党领导的反帝爱国运动，并呼吁祖国同胞援助台湾革命，在两岸同胞中产生了积极影响。简吉等始终坚守在台湾岛内战场，李伟光则转战于祖国大陆战场，他们都为中华民族的独立和解放做出了应有的贡献，历史将永远铭记他们。

二

"十载杏林守一经，依然衫鬓两青青。侧身瀛海豺狼满，回首云山草木腥。潮急风高辞鹿耳，鸡鸣月黑出鲲溟。扬帆且咏归来赋，西望神州点点星。"这是李伟光1932年1月离台赴祖国大陆时，在轮船上作的一首诗。他回溯十年艰苦抗日之路，向往祖国的神州大地，抒怀中华儿女的赤子之情。1932年4月，李伟光在厦门加入了中国共产党，并以自己开办的神州医院掩护革命同志。1934年厦门党组织被国民党破坏后，他转赴上海，开办伟光医院。

1937年抗战全面爆发后，李伟光见证了抗战史上最惨烈的一次战役——"八·一三"淞沪会战。此次战役持续时间三个月，中国军队付出了伤亡29万余人的惨重代价，仍然没能阻止日军侵占上海。李伟光回忆道：

1937年8月13日，抗日的炮火揭开了中华民族英勇抗战的序幕，凡是中华儿女莫不愿意贡献他的所有力量，为祖国流尽最后一滴血。8月15日，我和张锡祺（台湾高雄人，创办光华眼科医院，该医院成为中共上海地下党的秘密联络点）负责救护组的训练工作，同时我又去参加伤兵站（设在大世界的太和医院）的医务工作，负责外科。

李伟光坚守的伤兵站，是在8月14日发生的大世界（当年上海滩最吸引市民的娱乐场所）坠弹惨案中组织起来的，那里接收的伤员全是惨案受害者。战地记者曹聚仁回忆的一个片断，使我们得以了解当时的惨状："一枚一千磅重的炸弹，落在大世界门口，恰好是行人群集处，伤亡2021人，那个坑穴有一丈半深，两丈直径。我还看见青年会的屋顶上，飞落了一只断腿。"李伟光的只言片语，让我们捕捉到淞沪会战的一个历史镜头，他穿梭于伤兵站手术室、病房，及挤满伤员的楼道间的忙碌身影，浮现于我们脑际。这位台湾医生为抗战医疗工作付出了努力。

上海沦陷后，李伟光透过《救亡日报》的关系，联络上八路军驻沪办事处情报系统负责人吴成方，并在其领导下搜集日军情报。李伟光之所以能顺利进行这项情报工作，不仅与其具备情报人员的基本素质和特殊的人脉关系有关，

▼1945年，李伟光与倪振寰夫妇在上海合影

台籍医生的公开身份也起到了很好的掩护作用。李伟光的自述材料记录了这样的内容：1938 年日军进攻广州湾，我获悉情报，并透过《神州日报》将有关内容公之于众；太平洋战争爆发前夕，我通过秘密管道窥探到日军参谋部情报，再结合当时的国际局势，推测日军的袭击可能于 8 日行动。李伟光的推测是准确的，1941 年 12 月 8 日这一天，确实发生了日军偷袭珍珠港事件。

李伟光和台籍医生张锡钧有来往，了解国民政府军事委员会所属的国际问题研究所的有关情况。张锡钧是国际问题研究所驻沪情报人员，他通过堂兄张锡祺的关系结识吴成方，进而与中共上海地下党建立了联系。李纯青曾指出，在国际问题研究所工作的台湾同乡截获了日军偷袭珍珠港的情报，而李伟光亦搜集了相关情报，由此推测，李伟光可能在对日情报工作方面与国际问题研究所有某种合作。时值第二次国共合作，中共将掌握的日军军事情报及时传递给国际问题研究所，是有利于共同抗战的。

当年的伟光医院设在法租界霞飞路四明里，租界的外国人较多，因此，精通英文的妻子倪振寰成为李伟光的好帮手。倪振寰是一位上海姑娘，她协助李伟光管理医务，并接待从事抗日地下工作的同志。这位具有中华民族传统美德的女性，得到了李伟光台湾家人的理解和尊重。

1944 年夏，李伟光向吴成方表露希望赴苏北解放区的想法。李伟光说："吴成方答应把我介绍到重庆去找周恩来同志。他带我去和张锡钧联系，作进重庆的准备。我就把三只箱子寄放到张锡钧那里了。"上海党组织归周恩来领导的中共中央南方局管辖。吴成方打算通过张锡钧的渠道，使李伟光进入重庆，再与驻重庆红岩的南方局书记周恩来取得联系。最终，李伟光没能赴渝，他在上海迎来了抗战胜利。李伟光回忆资料出现的"周恩来""重庆"等关键词引起了我的特别关注。沿着这条线索抽丝剥茧，或许可以使李伟光研究有所突破，并为红岩历史研究找到一个新的切入点吧。这是我以后将要进行的一个选题。

三

　　抗战胜利后，李伟光等台籍进步人士筹建上海台湾同乡会，李伟光当选为同乡会理事长。李伟光和同乡会接待了从全国各地聚集到上海的台湾同乡。台湾义勇队的中共党员张明显带领的一批队员，一批又一批从华北、东北过来的台湾难民等相继抵沪，向同乡会求援。当时，汇聚在上海等待返乡的台胞1800余人，这是一个相当庞大的数字。李伟光夫妇为解决他们的住宿、吃饭、治病以及回乡路费等，拿出了所有积蓄，也不过是杯水车薪而已，同乡会又向热心的乡友们募集经费。

1946年1月，经同乡会接洽，第一批台胞1800余人登上美国轮船蓝美斯自由号返台。据统计，当时滞留在大陆各地急待返乡的台籍人士约8万人，回台湾的船票异常紧俏。美籍华人孙康宜曾于1946年春随父母在上海黄浦江登上返台轮船。她说，"当时的船票很难买到，要排很多天的队才能勉强拿到"，"所有的船舱都挤满了人"。在此情形下，能拿到一两张返台船票已属不易，李伟光及其

▲ 1947年，李伟光在伟光医院（上海霞飞路四明里）前留影

领导的上海台湾同乡会竟然将 1800 余名台湾同乡一起送上了回乡的客轮。李伟光将这件看似不可思议的事情变为现实，此乃其书写的人生奇迹之一。

当年，中共中央上海局负责党的台湾工作，是中共台湾省工作委员会（1946年 7 月成立）的上级组织。李伟光参加了上海局的台湾工作，受张执一直接领导。1946 年三四月间，李伟光与负责筹建台湾党组织的蔡孝乾（1950 年在台湾叛变）、张志忠等会面。同年 9 月，李伟光返台，"于台中旅社和张志忠同志见面，并布置以后在台湾的地下党工作计划和日程"。上海台湾同乡会和伟光医院是党的秘密联络点，负责岛内同志与上海局的联络工作，并为党派赴台湾工作的同志提供帮助。

1947 年，反对国民党恶政的台湾"二·二八"事件爆发，李伟光领导上海台湾同乡会声援岛内民众的抗争运动，组织同乡会与其他台湾旅京沪团体共同组建"二·二八"惨案联合后援会，并印发《台湾大惨案报告书》。同年 3 月 10 日，《中央日报》这样记录上海台湾同乡会会长李伟光接受记者采访时说的话："关于此次台湾事件"，"台民所争取者，仅为地方自治"，"并不是民族的离心运动，更不是台民想脱离祖国。同时，台民更不是反对外省人，反之甚盼外省人给予帮助，甚盼能与外省人合作"。李伟光并强烈批驳廖文毅等人的"台独"谬论。即使身处国民党的专制腐败统治之下，台湾同胞对祖国的挚爱之情亦没有丝毫减弱。"二·二八"事件之后，许多对国民党专制腐败统治不满的台湾青年来到上海，通过同乡会的关系，走上了革命道路，奔赴解放区。

谢雪红等于 1947 年 7 月由沪赴港，这是众所周知的，不过，关于此行的因由不甚明了。李伟光的自述材料写道，"7 月，组织要我到香港工作，约好下一个月去，由于谢雪红进解放区没有成功，便向组织建议改为到香港去工作。因此他们动身搭船到香港去，由吴克泰送他们上船。"可见，正是李伟光极力推荐，促成了谢雪红赴港这一事实。谢雪红到香港后，李伟光继续与她保持联系，并支持谢雪红等创建台盟。1948 年 8 月，李伟光、谢雪红、杨克煌及台湾地下党代表出席了中共针对台湾工作而召开的香港会议，会议由上海局书记刘晓主持。会后，李伟光根据党的指示，继续留沪工作，巩固伟光医院和上海台湾同乡会这两个联络点，加强台湾地下党与上海党组织的联系。

中华人民共和国成立前夕，李伟光负责筹建台盟华东总支部，当选为主任委员。1949年9月，李伟光作为台盟代表，出席了中国人民政治协商会议第一届全体会议，并参加了中华人民共和国的开国大典。李伟光曾告诉子女们，这是他一生中最为激动光荣的时刻。谁曾想，在庆祝中华人民共和国的五岁生日之后，正当壮年的李伟光不幸病逝，与挚爱的祖国母亲永别了。他走得太匆忙，还有许多事情没有做。他的女儿李玲虹说，父亲期盼祖国统一，这是父亲惦记的大事。祖国统一，不仅是那一代台籍前辈的心愿，更是所有爱

▲ 1949年9月，李伟光参加中国人民政治协商会议第一届全体会议时的标准像。李伟光胸前佩戴的政协会徽，是他最珍爱的物品之一

国同胞的共同心愿！

近年，海峡两岸举行纪念台湾农民运动领袖李伟光的活动，李伟光等台籍志士在荆棘密布的抗日道路上奋战，及追求祖国统一的生命足迹，长久地镌刻在爱国同胞的记忆里！这是一段不朽的历史记忆，使我们更加深切地感受到"两岸同胞是命运与共的骨肉兄弟，是血浓于水的一家人"。

从台湾乡村走出来的革命家

杨春松与许良锋夫妇

　　我于 1929 年与杨春松结婚，当时他在家乡从事农民运动。在老杨的影响和帮助下，我开始懂得一些革命道理，对他的工作也表示理解。婚后不久，由于日帝迫害青年，到处抓人，他不得不转入地下，秘密潜入上海。1930 年为了找老杨，我逃出台湾秘航去上海。1932 年，我曾在上海中国社会科学研究会主办的暑期学校学习，同年加入中国共产党。1932 年上海事变后，调到法南区担任交通联络员，参加反日运动。

——许良锋

杨春松赴粤鄂沪等地参加中国共产党领导的反帝爱国革命运动，在祖国大陆革命土壤里成长起来。他曾活跃于台湾抗日前沿阵地，既是台湾农民运动领袖简吉、赵港并肩戮力的战友，亦深得台共领导人谢雪红、翁泽生等的信任。抗战胜利后，他在日本从事中共地下革命活动，被日本当局视为"在日中共头号人物"。当年，许许多多台籍抗日志士奔波于台湾、祖国大陆和日本之间，从台湾乡村走出来的革命家杨春松就是他们中的一员。虽然每个人走的路不尽相同，其人生千姿百态，但是，杨春松及同时代台籍爱国菁英的终极目标是一致的——追求祖国统一，追寻台湾美好的未来——这也是我们钩沉台湾史的一个永恒主题。

一

杨春松出生于台湾新竹一个中医世家。1926 年，他结识黄埔二期生李友邦，加入其领导的国民党两广省工作委员会台湾地区委员会。李友邦受孙中山先生委派而出任这个组织的负责人，其组织成员还包括台籍中共党员林文腾、陈辰同、谢文达等。

关于其中情形，杨春松之子杨国光所著《一个台湾人的轨迹》有这样一段文字：

> 1926 年初，李友邦经日本回到台湾。他在家乡找到蒋渭水、赵港、连温卿等文化协会的发起人和骨干分子，并在他们的支持和帮助下募集了活动经费，结识了一批进步青年。年轻的赵港此时已作为台湾农民运动的积极活动家初露锋芒。杨春松通过这位战友的引见，拜访了李友邦，并请教革命的道理。随后他同林文腾、谢文达、陈福音（陈辰同）等一道，也成为台湾地区委员会的一员，坚定地迈出了革命的第一步。

在李友邦安排下，杨春荣、杨春松、杨春锦三兄弟相继离台赴穗。他们一踏上广州的土地，就被扑面而来的祖国革命氛围深深吸引，并深受鼓舞。

1926年12月19日，台湾青年在广州中山大学集会，成立广东台湾学生联合会筹备会，张深切、林文腾、李友邦三人当选为筹备会委员。在三名发起人中，李友邦和林文腾（黄埔三期生，毕业后任黄埔教官）是黄埔生，足见台籍黄埔生对创建该组织所起的重要作用。1926年12月底，广东台湾学生联合会成立会在中山大学召开。1927年3月27日，广东台湾学生联合会更名为广东台湾革命青年团。这个台湾人抗日团体主张收复台湾，并提出"台湾的土地是中国的土地"，支持祖国革命。参加此团体的台湾青年中，大多数是由李友邦介绍的，其中就包括杨氏三兄弟。在日警整理的广东台湾革命青年团档案里，杨春锦的名字被记录在案。可见，杨春锦在该组织中十分活跃。当时，杨春锦已考入黄埔军校第六期，并加入了中国共产党，"四·一二"政变发生后，他转往武汉，被编入叶剑英率领的教导团，后参加中共领导的广州起义，在海陆丰战役中牺牲。

当年，在李友邦的安排下，王万得也来到革命氛围浓厚的广州，他与杨氏三兄弟保持联系，了解杨春松在广州、武汉等地活动的情况。据王万得回忆，杨春松曾在广州华侨运动讲习所受训，其后进入国民党中央海外部。1926年12月至1927年3月，广州华侨运动讲习所开办第一期（仅办一期，"四·一二"政变前夕停办），学员为国共两党选派的学生和海外进步党员。国民党中央海外部部长、马来西亚归侨彭泽民兼任所长，共产党员张航任教务主任，教员主要由国共两党著名人士邓演达、郭沫若、恽代英、萧楚女等担任。同年2月，广州《现代青年》刊登萧楚女的演讲稿《华侨与革命——在党立华侨运动讲习所》，这使我们更加清晰地认识了讲习所任务——培养海外党务活动的骨干和华侨运动的积极分子。

原华侨运动讲习所学员邓兆兰这样回忆讲习所的一段经历：

1926年12月，中山大学党组织决定送我到国民党中央海外部开办的华侨运动讲习所学习。同我一起去的还有从香港回来的学生黎子云、李伟才、黎纯之3名团员。……学员有70多人，其中多数是共产党员和共青团员。……讲习所于1927年3月结业，一部分学员即派往东南亚等地工作……

大多数学员毕业后被分派到海外各地开展革命工作。杨春松则留在海外部，随部迁往武汉，这或许与即将召开的太平洋劳动会议有关。太平洋劳动会议原定在广州召开，1927年春广州陷于白色恐怖之中，会议召开地改至汉口。海外部对这次国际性大会给予大力支持，部长彭泽民并以来宾身份出席会议。1927年5月，杨春松受海外部委派，赴日本接应即将出席太平洋劳动会议的日共领导人山本悬藏等六名代表，带领他们从东京途经上海安全抵达武汉。大会于5月20日至26日在汉口召开，出席大会的代表包括中国、日本、苏联、朝鲜、美国、英国、法国、爪哇等国工人代表，"中国革命与国际职工运动"成为会议讨论的主要焦点。杨春松、王万得、杨克培（担任日本代表山本悬藏翻译）等台籍青年参加了会议相关工作，对中国革命和工人运动有了更深刻的认识。

在海外部期间，杨春松与中共党员王学文结为至交。王学文后来回忆这段经历，感慨道："我们常常徜徉在夕阳照耀下的汉江堤坝上，边走边谈，十分融洽。"1927年7月，第一次国共合作彻底破裂，杨春松和王学文奉命撤离武汉。

二

1927年9月，杨春松回到家乡中坜。此时，台湾农民运动正在蓬勃发展。杨春松与农民运动领袖简吉、赵港等并肩战斗，反抗日本殖民当局对台湾农民的压榨和剥削。在第一次中坜事件中，带领农民开展抗租

▼ 1928 年 12 月，台湾农民组合第二次全岛大会代表合影。前排小孩右侧后面为杨春松

减租斗争的农民组合骨干杨春松、黄石顺、谢武烈等及农民共 83 人被日警逮捕入狱。其间，王学文经日本辗转抵达台湾，试图联络杨春松，适逢杨春松身陷囹圄。在杨春荣的帮助下，王学文秘密接触台湾文化协会、台湾农民组合等岛内抗日团体，并向他们"介绍中国革命的形势，宣传马克思主义，鼓励他们坚持斗争"。王学文在岛内秘密从事革命活动，直至 1928 年初夏杨春松出狱，王学文与其取得联系后返沪。

1928 年夏，台湾共产党（全称为"日本共产党台湾民族支部"）领导人谢雪红因上海读书会事件被日警遣返回台。杨春松与简吉、赵港、杨克培等农民运动核心人物登门拜访谢雪红，共同探讨台湾革命。谢雪红的归来，无疑为台湾农民运动注入了强劲力量。恰如赵港所言："雪红姐是农民组合的一根很大很大的柱子！"赵港对谢雪红的评价反映了农民组合领导层对谢雪红和台共的态度。台共将农组视为台湾最具战斗力的抗日团体。谢雪红通过台籍中共党员陈辰同，对杨春松、杨春锦兄弟的中共身份有所了解。同年秋，杨春松、赵港、杨克培等加入台共，成为谢雪红在岛内发展的第一批党员。此外，杨春松的姐姐杨阿双多次掩护谢雪红。谢雪红对杨氏兄妹十分信任。

台湾农民组合第二次全岛代表大会于 1928 年 12 月在台中乐舞台召开，参加者近千人。整个活动的幕后指挥者是台共党员谢雪红和林兑。在大会上，杨春松当选为中央委员。大会召开前夕，杨春松接触到台共领导人林木顺起草的文件《农民问题对策》，这是农组第二次全岛大会的指导性文件。

1929 年 2 月，日本殖民当局以疾如雷电之势"检举"台共，逮捕农民组合成员，使农民组合遭到了前所未有的全面镇压与破坏，此即"二·一二"事件。农组领导人简吉、赵港、杨春松、陈昆仑等被日警逮捕入狱。同年 5 月，杨春松保释出狱。七八月间，赵港、简吉相继保释出狱。保释期间的简吉、赵港、杨春松积极着手农民组合重建工作，杨春松并在农组临时中央委员会上当选为中央委员长。日本殖民当局的严酷镇压并不能阻止台共对农组的进一步领导，并不能阻止台湾人民的抗日斗争。1929 年 10 月，岛内台共中央任命台共党员杨春松和赵港为农民组合党团负责人。

▲ 1929年，杨春松等台湾农民组合抗日斗士在"二·一二"事件公审前留影。前排左起：陈昆仑、简吉、陈德兴、苏清江、颜石吉；后排左起：杨春松、江赐金、古屋贞雄、张行、侯朝宗。（图片来源：杨国光著《一个台湾人的轨迹》）

　　然而，在杨春松被台共委以重任之时，他却向台共领导人谢雪红表示，希望回祖国大陆参加革命运动。岛内台共中央对此作何反应？当时，杨春松只是暂时被保释出狱。日本殖民当局即将对"二·一二"事件被捕者进行二审，由于杨春松因中坜事件出狱不久，因此，他估计自己再次被判刑的可能性极大。他并不害怕进监狱，而是不甘心束手就擒，不愿意因此而中断抗日斗争。台共领导人谢雪红和林日高了解他的想法后，表示理解。二审的最终结果确如杨春松所料，被判监禁10个月。

▲ 1929 年 8 月，杨春松与许良锋结婚照。（图片来源：杨国光著《一个台湾人的轨迹》）

三

杨春松征得谢雪红同意后，于 1930 年年初抵沪，联络在上海的台共领导人翁泽生等人，并与中共组织保持密切关系。同年 3 月，杨春松参加翁泽生等人领导的上海台湾青年团（后更名为上海台湾反帝同盟），担任组织部部长。据杨春松回忆，翁泽生曾对上海台湾青年团的目的和任务作如下说明：

> 在上海的台湾青年学生日益增加。这些青年学生们，皆为殖民地被压迫民族的一分子，怀有丰富的革命素质。因此，本机关以联合这些青年予以组织化，使其参加祖国的反帝斗争，施以实践的锻炼，以社会科学研究来提高理论的掌握，唤起他们特别注意台湾问题，一方面支持祖国的革命运动，同时亦以培养台湾革命志士为目的。

上海台湾青年团、上海总工会、上海革命学生联合会、上海中华左翼作家联盟等约 30 个团体参加了中共领导的上海反帝大同盟。在中共支持下，上海台湾青年团积极开展"六·一七"反日斗争，声援台湾雾社起义，并派上海的台湾青年参加岛内抗日斗争。

杨春松抵达上海后，其妻许良锋女扮男装，赴沪寻夫。杨春松与中坜乡村温婉美丽的姑娘许良锋志同道合，他们于 1929 年 8 月结为伉俪，从此，相伴走过风雨坎坷。许良锋启程之前，曾会谢雪红，谢让她带一叠信封给上海的翁泽生。这并不是普通的信封，而是用淀粉液书写的党的秘密文件。不过，许良锋不明真相，用了几个信封，致使翁泽生最终看到的内容不完整。许良锋到上海后，参加革命工作，1932 年加入中国共产党，曾在上海法南区委马浪支部从事抗日宣传工作，后担任法南区委交通联络员。

1930 年 4 月中旬，为及时取得中国共产党和共产国际的指示，调整台共对日本殖民统治的斗争策略，台共领导人林日高从台湾启程，经厦门赴上海联络中共中央和共产国际。5 月，林日高抵沪，联系翁泽生，暂居杨春松处。在沪期间，林日高与翁泽生、杨春松共同讨论台湾革命。此外，据俄罗斯保存的共产国际档案记载，谢雪红曾通过杨春松转呈共产国际信函，汇报台湾革命情况。可见，杨春松与共产国际有某种联系。

当年，上海处于白色恐怖中，国民党对中共的活动施行高压，革命工作十分危险。许良锋向子女们讲述了这样一个细节：

> 有一天，你们的爸爸去参加党的秘密会议，我完成党的联络工作后急忙赶回家。当时，天色朦胧，已是掌灯时分。我至距家仅几步之遥的拐角处，突然发觉附近有人监视。作为一名地下工作者，直觉告诉我，我们的住处有危险。我擦门而过。

> 我意识到，要赶快通知你们的爸爸，否则要出事！然而，我不知道他的去处。虽然我们是夫妻，但是，相互间必须保守党的机密，这是从事地下工作的一条规矩。我不敢贸然回家，只好在街上徘徊。夜幕已经降临。突然，一位路人迎面走来，我惊喜地认出，他是你们的父亲。原来，他快到家时，发现家里没点灯，也没有警号，便没有进家门，在街上假装散步，来回观察。

这一夜，杨春松夫妇在朋友家住下了。他们在法租界霞飞路的住所果然遭到租界巡捕的袭击。最终，杨春松还是没能躲过敌人的搜捕。1932 年，杨春松在上海被国民党情治机构逮捕，引渡给日本驻上海总领事馆，并被押解回台湾。他因上海台湾反帝同盟案被日本殖民当局判刑 5 年，再补"二·一二"事件的 10 个月监禁。1938 年，杨春松刑满出狱，携家人离台。他打算从日本转道回祖国大陆参加抗日战争，由于日警严密监视，未能如愿。

四

在日本期间，杨春松与乡友谢溪秋（台湾台南人，爱国诗人、医生）来往密切，经常探讨二战局势，认为德国必败、日本必败。1945 年 8 月 15 日，日本宣布无条件投降。中国人民长达 14 年的抗日战争终于取得伟大胜利，当年的新闻记者用相机记录了包括台湾同胞在内的全体中华民族为雪耻国仇而狂欢的历史场景，让人感受到这一厚重的历史。这一天，对在日本的杨春松一家意味着什么？杨国光写道：

> 1945 年 8 月 15 日，对杨春松和他的一家来说是一个盼望已久的、有巨大纪念意义的日子。杨春松和他的战友长年为之坚持斗争的台湾的回归祖国，终于在抗日战争和世界反法西斯战争的伟大胜利和日本帝国主义彻底战败的时刻实现了。

1945 年年底，杨春松经朝鲜抵达祖国东北，他持金日成将军亲笔信，与中共中央东北局书记彭真接上关系。1946 年四五月间，

▲ 1947 年，杨春松一家在日本东京

杨春松奉命返回日本从事地下革命工作。经杨春松等人的努力，留日台湾同乡会和东京华侨联合会于 1946 年 5 月合并为统一的东京华侨联合会，杨春松任副会长。当时，被俘的八路军和新四军有被送到国民党统治区的极大危险。杨春松与有关当局严正交涉并据理力争，迫使他们同意将八路军和新四军战俘送回人民武装力量控制区，并推动了中国劳工的遣返工作。

1947 年，杨春松等人创建中国通讯社。作为中国在日华侨的唯一传媒，中国通讯社冲破当局的封锁，为传送中华人民共和国诞生的消息和中华人民共和国的声音，起到了不可替代的巨大作用。其夫人许良锋和子女们将从北京和香港寄来的《人民日报》《文汇报》《大公报》《华商报》《群众》等报刊分送给日本进步报社。杨春松参与中共营救日共领导人德田球一的秘密活动，与国民党驻日代表团副组长谢南光等密切来往。此外，杨春松还组织成立民主中国研究会、华侨民主促进会等进步组织，团结在日侨胞开展爱国民主活动。杨春松在日本的活动，引起了美国驻日盟军的警觉，日本报刊则称杨春松是"在日中共头号人物"。

▲ 20 世纪 50 年代，杨春松与许良锋夫妇在北京

1950 年，杨春松遭美国驻日盟军和日本当局通缉，经中共方面及乡友黄南鹏等秘密救援，他于同年底回到北京。

杨春松先后参加华侨事务委员会、国务院外事办公室的工作，后任国务院参事，是第二、三届全国政协委员。他曾带着孩子们去看望住在北京的老朋友谢雪红，许良锋也同谢雪红结下了深厚友谊。杨春松夫妇之女杨幼瑛认为，谢雪红是母亲结识的杰出女性之一。晚年的杨春松夫妇惦念故乡的那山、那水、那人，他们常与乡友们漫谈台湾的青山碧流：大溪的角板山、龙潭的清水、鸳鸯谷的瀑布、狮头山的樱花等。杨春松夫妇投身于中华人民共和国的建设事业，为祖国统一贡献自己的力量，正是为了争取故乡台湾更美好的未来！

《大公报》伉俪的革命人生

李纯青与谈家芳夫妇

40年前，我曾以新闻记者身份参加台湾光复典礼。台湾各地数百万人游行庆祝，欢呼的声浪把台湾岛高高举起。家家户户焚香祭祖，禀告列祖列宗在天之灵——台湾光复了。世事沧桑，而记忆犹在眼前。我相信，我们大家爱国的赤子之心，是永远不变的。在实现中国大统一的那一天，我们将在一起再度狂欢。

——李纯青

　　李纯青原是一名大公报人，这位新闻界令名卓著的前辈，与中国共产党有着千丝万缕的联系。抗战时期，他根据周恩来指示开展抗日宣传工作；抗战胜利初期，他接中央对台工作指示秘密联络岛内进步力量；解放战争时期，他参加上海局领导的台湾工作。中华人民共和国成立后，作为台盟主要领导人之一，李纯青根据党的对台方针政策，为促进海峡两岸统一而殚精竭虑。

▼ 1957 年 3 月，全国政协二届三次会议期间，毛泽东主席会见参加政协会议的台盟委员及列席代表。图为毛泽东主席与政协常委李纯青（右三）、苏子蘅（左三）、杨威理（左二）、简仁南（左一）、王天强（右一）等亲切交谈

一

李纯青在台湾台北度过了一段童年生活。他说，"在异族统治下，生理和心理的沉重压抑，是我坚决要求父亲送我回国读书的原因。"回到祖国大陆后，他先后入读厦门集美师范、上海大陆大学、南京中央政治大学。1934年，在厦门加入中国共产党，参加党的抗日宣传工作。后因厦门党组织遭到破坏，与党失去联系。1937年，正在日本大学社会学系学习的李纯青风闻卢沟桥的炮火，祖国饱受凌辱的消息促使他立即启程回国。李纯青这样回忆当年在横滨码头与友人告别的情景：

> 在横滨码头，一位朝鲜朋友来送行，细雨濛濛中，我和他挽着手，来回散步，心情沉重。忽然，他呜咽起来，说："我们朝鲜人已经做了亡国奴。"我转过身来，回答说："我的祖国也在亡国的途中。"
> 我们俩人互相拥抱，嚎啕大哭，泪珠与雨点湿透了全身。

无独有偶，在三年之后的法国，当德国纳粹开进巴黎时，法国人也有这样的哭泣。一位新闻记者用相机记录了这一历史镜头，这张悲恸欲绝的照片感动了世界，成为二战时期法西斯侵略历史的见证。无论是泪洒横滨码头的中国青年李纯青，还是巴黎那名涕泗纵横的中年绅士，他们的眼泪都是为祖国而流。战争已经不可避免，他们唯一要做的，是擦去眼泪，为祖国而战。

从日本回到祖国，李纯青先后任

▲ 抗战初期，在香港《大公报》任记者的李纯青

上海、香港、重庆《大公报》记者，以笔为枪，为抗战呐喊。在李纯青的文章里，随处可见抗战烽火中的重庆记忆，他难忘重庆大轰炸的苦难岁月，难忘大轰炸之后与乡友在嘉陵江畔纵论天下事的豪情，更难忘联系中共领导人周恩来、秘访《新华日报》的一段特殊经历。

1941年4月，李纯青由港赴渝，担任重庆《大公报》主笔、社评委员。他通过旧友陈乃昌（印尼华侨，1927年加入中共，抗战时期受周恩来直接领导，开展上层人士统战工作），与中共中央南方局书记周恩来接上关系。李纯青回忆道："1941年，我调到重庆《大公报》后，又找陈乃昌向周恩来同志转陈我的情况，恩来同志指示：'宣传抗日，就是革命，保持目前情况，更为方便'，并指定专人与我联系。"周恩来指派《新华日报》的中共党员许涤新（南方局统战工作委员会经济组组长，《新华日报》编辑）和石西民（《新华日报》编辑部主任），以报业同行的公开身份，与李纯青保持密切联络。

根据周恩来的指示，李纯青写了大量研究日本问题的政论文章，他冷静、客观地揭露日本侵略中国的本质，不仅鼓舞中国人民打败日本侵略者的斗志，也为同盟国提供了有力参考。他通过任职于国际问题研究所的台湾同乡李万居、谢南光、谢东闵等获悉日本政情内幕，日本问题专家、乡友宋斐如亦鼎力相助，对于他进一步分析太平洋战争的发展起了重要作用。李纯青认为，抗战时期他所做的抗日宣传，是他一生所做的最主要的一项革命工作。李纯青说，"八年抗战，我耗费了大部分时间，在研究日本问题，写宣传抗日文章。当时日本发生每件大事，我差不多都写过介绍或评论。有时一日疾写数篇，彻夜工作……我总是就实论事，尽量客观，说得准确。重温这部分论述，核对那些意见大体与事实相去不远"。我"是站在中国的立场去观察这个侵略中国的帝国主义国家。我研究的目的是为了要战胜敌人"。

当年，台籍爱国人士在重庆成立台湾革命同盟会，他们主张台湾光复，呼吁台湾人民参加祖国大陆的抗战，对台湾人民产生了很大影响。台湾人民一直为台湾回归祖国怀抱而努力。作为台湾革命同盟会的主要成员，李纯青参加该台湾人抗日团体关于台湾归宗中国的宣言起草工作，并在《大公报》写文章强调，台湾必须回归中国，台湾是中国的老沦陷区，表达了包括台湾人民在内的全体中华民族的共同心声。

二

1944 年 4 月 20 日，重庆《大公报》头版头条刊登了一则结婚启事。抗战时期，《大公报》的战场通讯质量和数量均位居全国同业之最，颇受国际社会关注。在当年的"陪都"重庆，报纸媒体刊登结婚启事并不鲜见。然而，能荣登《大公报》的重要版面，却非易事。究竟是何人能有如此殊荣？这是新闻界同仁对《大公报》主笔李纯青和报社职员谈家芳喜结连理的祝贺。

李纯青夫妇在李子坝三江村家中举行了简朴的婚礼，中共党员、台湾同乡谢南光是他们的主婚人，中共党员袁孟超则是证婚人。李纯青在结婚喜帖上写道："国难期间，一切从简。不宴会亲友，谢绝一切馈赠。"

我曾到北京拜访李纯青遗孀谈家芳女士。谈老是江苏人，抗战爆发后，曾在赣北前线参军，从事抗日宣传。她这样回忆当年与李纯青相识的经历：

　　1942 年我初到重庆，考入《大公报》，做校对工作。那时候李纯青是《大公报》记者，他写文章宣传抗战。我看他写的《日本春秋》，这本书用唯物辩证法分析日本问题，我觉得我和他的思想相近，彼此有心照不宣之感。后来，李纯青推荐我在报馆资料室工作，我就到了资料室。他经常到资料室查找资料，我和他的交流、沟通也越来越多。李纯青的朋友乔冠华（中共党员，时任《新华日报》国际新闻主编，抗战胜利后任新华社香港分社社长，新中国成立后任外交部部长）和杨刚（中共党员，时任《大公报》记者）很赞同我们的恋爱和婚姻。

李纯青与台籍中共党员谢南光有密切的工作关系。谢南光曾代表国际问题研究所参加在重庆南山蒋介石官邸召开的"乙种会报"。谢南光将有关信息传递给李纯青，李纯青整理、分析，并作出判断和建议，由妻子谈家芳送到《新华日报》，最终呈报南方局书记周恩来。德国进攻苏联后，李纯青曾提出开辟第二战场的建议。谈家芳回忆道：

> 我们在重庆时的工作已非常活跃，谢南光每周必来，他们是宋斐如（台湾台南人，左翼文化界人士，日本问题专家，台湾光复后曾任台湾行政长官公署教育处副处长、台湾《人民导报》社长）介绍认识的。我们开展工作的主要方式：谢南光参加国民党中央有关会议，取得最高机密，立马告诉李纯青，李纯青进行整理，提出当时形势重点及建议。譬如德国进攻苏联，李纯青曾提出应发动国际舆论迅速开辟第二战场，以削弱对苏联的压力，这一建议非常紧要。周恩来总理指示这些情报给党内一份，又说明第三国际尚未解散，应给有关方面一份。当时，我就是那位送材料的快递员。我装扮成一个时髦女郎的模样，替李纯青、谢南光传递二战时期的秘密情报，情报来源和内容我不问，但是我心中充满着豪情，我是以一名小女子的身份参与挽救人类命运的工作，我深感自豪。

谈老向笔者讲述发生在七十多年前的这段生命记忆时，神情仍然显得有些激动。

三

1945 年 10 月 5 日，李纯青随赴台接收的台湾省长官公署前进指挥所人员，从重庆飞赴台湾。此行，李纯青不仅负责为《大公报》全程报道台湾战区日本受降仪式，并根据周恩来的指示，秘密接触日据时期的老台共（全称是"日本共产党台湾民族支部"）谢雪红、王万得、苏新等进步人士。日后，这些得到周恩来亲切关怀的老台共，在中国共产党的领导和帮助下，为台盟的创建和发展做出了重要贡献。

周恩来对抗战胜利之初的台湾工作提出了要求，为中共台湾省工作委员会（简称"台工委"，1946 年 7 月在台湾正式成立）将要开展的工作做政治准备。李纯青说："我在台湾见到各界人士，走在群众中间，沿西海岸由台北到东港，访问全岛。我也与老台共——即日本共产党台湾民族支部的重要人物，多次接触。

▲ 1945 年台湾光复期间，作为首批返台的《大公报》记者，李纯青接受周恩来指示，联系岛内的谢雪红等革命力量，并介绍谢雪红与中共地下党员谢爽秋（时任《扫荡报》记者）等联络。图为 1945 年 11 月 19 日，李纯青（右四）、谢爽秋（左二）等采访台湾战区日本受降仪式的新闻界人士在台南郑成功祠合影

我曾告诉他们：台湾光复了，目前大家兴高采烈，但在国民党统治下，很快地便会失望，从台湾历史和人民性格推断，接下去人民将起来反抗。"谢雪红、王万得等人的回忆资料，也记录了台湾光复初期与李纯青会面的详情。

　　从当事人的回忆看，李纯青根据周恩来的指示，在台湾主要做了以下几件事：其一，以中共的名义调查日据时期成立的台共历史情况及台共党员活动现状，这是抗战胜利后中共在台湾最早开展的地下工作，使台共这一抗日爱国革命组织与中共的关系得以恢复；其二，从中共的政治立场出发，对老台共和台湾进步人士所参加的政治团体和政治活动表明态度；其三，促进返台进步人士与台湾进步力量的沟通。当时，台湾的革命力量对国民政府不了解，岛内许多进步人士加入国民党的三民主义青年团。因而，李纯青奉命在台湾开展的工作具有极其重要的意义，有利于台湾进步人士认识大陆的政治形势，了解中国共产党的政治主张。

四

1945 年 12 月，李纯青完成台湾的采访任务后，直接从台湾回上海。谈家芳是从重庆到上海的。谈老说：

> 我们一家到上海后，急需解决住处。李纯青找到刚在上海安顿下来的原台湾革命同盟会的乡友连震东（台湾台南人，政治家，中国国民党荣誉主席连战之父）。连震东介绍我们租住虹口他的朋友家。虹口原是上海租界，房租费比较贵，我们婉拒了。后来在报社帮助下，我们住进上海闸北东横浜路兴立村一套廉租房。我们搬离后，中共党员、文化界名人冯雪峰是这套房子的新主人。

李纯青参加了中共中央上海局的地下革命工作。上海局于 1946 年夏秋之交

▲ 1947 年，李纯青一家在上海

成立，刘晓、刘长胜、钱瑛、刘少文为上海局委员，刘晓任书记。1949 年 5 月
上海解放后，上海局改称华东局。上海局与台工委属上下级组织关系，上海局的
台湾工作由张执一（湖北汉阳人，1929 年加入中国共产党，时任上海局文化工
商统战委员会书记、外县工作委员会书记等职）负责。1948 年 6 月，张执一出
席上海局在香港召开的台湾工作会议，并对有关问题做了总结。

李纯青在台湾光复期间开展的台湾工作，对于上海局领导的台工委具有极
其重要的意义，对于他本人参加上海局的台湾工作具有承前启后的作用，为关心
台湾解放运动的上海的台籍革命人士搭建了桥梁。

当时，李纯青在张执一的直接领导下从事地下革命工作。据张执一回忆：
"在上海局领导下，设有台湾工作委员会，书记蔡乾（蔡孝乾，1950 年在台湾
叛变）"，"1946 年秋冬之交到 1948 年年底，我曾代表上海局四次前往台湾
检查与布置工作"。李纯青的战友李正文则指出，"张执一同志在上海中央局
还分管国统区的台湾工作，定期秘密来往上海和台湾之间，去台湾之前和回沪
之后，都来找李纯青谈话，这一点我是知道的。"张执一和李纯青交谈的话题，
无疑涉及台工委。张执一称赞当年李纯青在党开展台湾上层人士的统战工作方
面发挥了积极作用。

李纯青不仅与台湾上层人士有密切关系，并与先前在岛内有过接触的老台
共谢雪红、王万得、苏新等继续保持联系。谈家芳回忆道：

> 在上海，经常有台湾同乡来到我家暂住。李纯青叮嘱我照顾好他
> 们的生活，除此之外，不要讲任何话。我知道这些人可能与党的工作
> 有关，尽力保护他们的安全。解放后才知道，其中有一位是谢雪红从
> 台湾派来的特使（谢雪红的联络员杨来传，老台共，后加入中国共产党，
> 成为中共台工委的骨干分子）。

此外，曾在台湾秘密活动的中共闽西南白区组织的张连等十余人，因党组
织遭到严重破坏而撤退到上海，得到李纯青帮助，进而与上海党组织取得联系。

1947 年，台湾人民反对国民党专制腐败统治的"二·二八"事件发生后，
李纯青根据党的指示，从上海发出声援"二·二八"爱国民主运动的新闻稿《惊
闻二二八惨案》《台湾民变真相钩沉》等。事件中，美国《华盛顿邮报》主张将

▲ 1951 年，李纯青参加世界和平理事会柏林会议前夕，与夫人谈家芳在《大公报》北京办事处合影

▲ 2016年12月31日，全国政协举行新春茶话会，恭祝大家新春快乐。全国政协常委、台盟中央常务副主席黄志贤（右一）亲切看望与会的原台盟总部副主席李纯青夫人谈家芳（右三）、台盟中央原主席蔡子民夫人李玲虹（右二）

台湾交与联合国托管，这是美国舆论界继1942年抛出台湾"托管论"之后的又一次旧话重提，美国实际上是台湾"托管论"的始作俑者。虽然个别人在美国的鼓动下，提出过"国际托管""台湾独立"的口号，但这并非主流。李纯青早于1943年通过重庆《大公报》发表社评文章《再论关于台湾问题——〈读美国的战后设计〉》，强烈反对美国所谓台湾"国际共管论"的观点，力主中国收复台湾。"二·二八"事件发生后，李纯青以尖锐笔锋驳斥台湾"托管论"，大力支持李伟光在上海电台发表反对"托管论"的演说。李纯青并撰文《提醒一个错误》指出，"台湾给国际实际是给美国托治"，"他们和台湾有什么关系没有呢？没有关系会爱台湾，为台湾人的幸福想吗？我想是不会的，道德没有发展到这样高度，被托治是很丢脸的事。"这段文字一针见血地揭露了美国鼓动台湾"托管"

的本质。

李纯青还积极开展文化界人士的统战工作，并力促《大公报》转变立场。李纯青根据党的指示，争取《大公报》总编辑王芸生，并转达中共领导人毛泽东向王芸生发出的参加新政协的邀请。1948 年 11 月，王芸生和李纯青共同主持香港版《大公报》转变立场事宜，香港《大公报》公开支持中国共产党，对上海、天津、重庆等地《大公报》产生了积极影响。

中华人民共和国成立后，李纯青曾以台盟副主席身份主持台盟工作，经历了中央对台方针政策的三个阶段——从武力解放台湾、和平解放台湾，到两岸和平统一——了解中央为解决台湾问题所倾注的大量心血。根据党的对台方针政策，李纯青不断发表关于台湾问题的政论文章，反复阐明台湾是中国不可分割的一部分，坚决反对"两个中国""台湾独立"等分裂祖国的谬论，对爱国同胞产生了积极影响。1989 年，他住进北京医院，在病房中以惊人的毅力完成了《台湾问题研究》这部书稿。此书从台湾历史、政治、经济等方面，批驳"台独"论者的荒谬及分裂中国的企图，1992 年由华艺出版社出版。

李纯青将青春和热血全部奉献给他挚爱的祖国，这也是当年所有具有深厚祖国情怀和民族情感的台湾人的共同抉择。谈家芳说，"李纯青对国家对世界都尽了自己的力量和责任，他在每个时代的每一阶段都在努力思考。"李纯青离开故乡台湾近半个世纪，一直希望再踏上那片生养他的土地，然而终成遗憾。耄耋之年，他整理、出版《笔耕五十年》和《望台湾》，借以咏叹浓浓乡愁之情和家国情怀。李纯青曾说，"每个台湾人寻找祖国的经历，都是一部千万行的叙事诗。"李纯青夫妇的抗日革命经历及在祖国大陆的奋斗历程，何尝不是一部恢宏的叙事诗！

新四军伉俪的烽火人生

蔡啸与顾励夫妇

在日本殖民统治下，台湾人被视为"二等公民"。日本人随便打台湾人，并诬为"亡国奴"。"亡国奴"这个名词引起了我的好奇，想到应该知道祖国，后来问家长，知道祖国就在台湾对岸。我向往着祖国，应该离开这血淋淋的地方，到祖国大地上去，独立自主地生活，这就是离开台湾的动机。

——蔡啸

蔡啸和夫人顾励邂逅于新四军部队，他俩共同经历了战争的残酷，最终迎来了抗战的胜利。在硝烟弥漫的沙场上，蔡啸和顾励全心投入到艰苦的抗日战斗中，这段烽火爱情显得尤其珍贵尤其美好。我想起一部电影的名字——《爱在战火蔓延时》，借用这几个字来形容蔡啸与顾励伉俪的爱情，也未尝不可吧。战火纷飞中的爱情固然吸引我们，抗战老兵的烽火人生更令我们感动和钦佩。

蔡啸原名蔡汉钦，出生于台南一户贫困的渔民家庭。1934年春，15岁的蔡啸渡海来到了祖国大陆。这位热血少年曾怀着报国之志应征国民党军队，却因台湾人身份而被怀疑为日本间谍，被关进了监狱。台籍抗日志士钟浩东、萧道应等也曾有过类似的遭遇。在祖国的土地上，他们并非报国无门、壮志难酬。蔡啸认识了进步人士廖青，"知道祖国还有另外一支军队，是被压迫穷人自己组织起来的好军队，共产党是这支军队的领导者。"1937年，他历尽艰辛，终于如愿参加了红军部队——闽西南抗日义勇军第二支队。

1938年年底，蔡啸来到秀美的皖南水乡——云岭，成为新四军教导总队第三队的一名学员，并加入了中国共产党。新四军教导总队是一所培养抗日军政人才的学校，学员包括新四军各支队的军政干部、沦陷区的抗日爱国青年及爱国华侨青年等。在这所新四军的"最高学府"里，叶挺军长（1941年因皖南事变被国民党当局逮捕入狱，经中共中央营救于1946年3月获释，同年4月由重庆飞回延安途中，飞机失事遇难牺牲）、陈毅司令员（皖南事变后任新四军代军长，中华人民共和国十大元帅之一）、粟裕司令员（中华人民共和国成立后被授予大将军衔）等亲自给学员们授课，经历过长征的其他一些老红军也是这里的教员，蔡啸"在政治上、军事上、文化上、工作能力上得到了空前的提高"，为他后来成长为一名出色的军事指挥员奠定了基础。

关于教导总队的学习和生活环境，与蔡啸一起进入教导总队学习的新四军

▲ 中国人民解放军空军大校蔡啸

学员金冶（中华人民共和国成立后曾任南京军区副参谋长）回忆道：

转到军事队，我们住的宿舍是自己动手搭起来的大草棚，睡的是地铺，铺的是稻草。这里的景色是很美丽的，周围是起伏的群山和茂密的森林，还有很多细细的潺潺溪流，清澈透明。我们的大多数课程是在山坡的树林里进行的。宽阔的山坡也就是我们的操场。上课也没有桌椅，各人自编一只蒲团，当小凳子用，双膝就是课桌。由于每天都有野外操练，跋山涉水，挺费鞋，所以我们到教导总队的第一堂课就是学习打草鞋。

教导总队的学习条件十分简陋，还多次遭遇日机轰炸，其艰苦和危险可想而知。然而，亲历者的讲述恰恰相反，并没有让人感觉到苦，呈现在我们眼前的画面分明是愉快的，令人回味无穷的。新四军学员坚韧、乐观的生存状态，是共产党军队的一个侧影，这样的军队怎能不愈战愈勇、愈战愈强！

1941年皖南事变前夕，新四军主力部队撤离茅山抗日革命根据地，新三团和独立营留守茅山继续抗战。在与敌军连续奋战中，新三团损失惨重不得不撤往长漏地区休整，独立营同样损失惨重。时任独立营连长的蔡啸和指导员周峰奉命组织了一支17人的便衣短枪队，在茅山坚持斗争。这支短枪队负责保护特委和四县抗敌总会领导机关，配合各地抗日武装开展游击，保证江南通往江北的秘密交通线畅通，护送高级干部、重要文件、电台等过封锁线。蔡啸说，有几次在半夜或拂晓前，日伪军分进合击，将我们团团包围，这时就只能分散突围，到预定集合点会合，在这种形势下，斗争是很艰苦的。这使我们得以窥见短枪

▲ 20世纪50年代，蔡啸与顾励夫妇身着55式军装礼服合影

队所处的险境。最终，蔡啸带领的短枪队配合主力部队打了胜仗，出色完成了短枪队的任务。

二

1941年6月，蔡啸调回新四军六师十八旅教导大队。在十八旅的征战旅程中，蔡啸认识了上海姑娘顾励。蔡啸与顾励心心相印，1945年结为革命伴侣，风雨同舟，相濡以沫，共同度过了45载春夏秋冬。顾励于1940年参加新四军，是江南抗日义勇军（简称"江抗"，以新四军六团为骨干）后方医院的医务人员。多年以后，曾经从后方医院重返前线的抗战老兵，仍然记得那里有一位爱唱歌的姑娘叫顾励。

《江抗后方医院纪实》一文记录了顾励为伤病员唱抗战歌曲的细节：

> 每当傍晚移营出发前，后方医院医护人员和能走动的伤病员就集中在打谷场上，举行联欢会，做游戏，唱抗战歌曲，演活报剧，还有人唱京剧，顾励和姚琛她俩的歌喉圆润脆亮，最受伤病员欢迎。

江抗政治部主任刘飞（中华人民共和国成立后被授予中将军衔）是蔡啸和顾励的老领导，当年他在后方医院养伤时率领伤病员和医务人员与敌人坚持斗争的故事，成为现代京剧《沙家浜》的主要素材之一。在"沙家浜"的芦苇荡里，也有顾励和战友们的身影。

1941年3月，江抗后方医院改为新四军六师十八旅建制。三个多月后，日军调集1.5万余人，开始对苏南的苏州、常熟、太仓抗日根据地进行"清乡"，寻歼新四军六师十八旅主力及党政机关，这就是所谓的第一期"清乡"行动。

郑苏方曾是十八旅后方医院的一名护士，也是反"清乡"斗争的亲历者。她回忆道：

> 1941年4月，我被分配到六师十八旅后方医院。后方医院流动在群众家中，没有武装保护，全靠群众的掩护和支持。1941年6月中旬，针对日伪开始"清乡"，上级布置后方医院工作人员进行反"清乡"斗争的准备，把医护人员和伤病员分成小组，隐蔽到各个村子里去。

我分在东塘市一带的一组，一组主要负责照顾八字桥反顽战斗中的20多名伤员，由顾励、谢正中（伤员）负责。7月1日后，日伪已全面开始"清乡"……那时日伪的据点林立，几乎四五里路就有一个，上下左右之间联系非常困难。有一天晚上，我们摇船出小河还未进入大塘，听到日寇汽艇"突突突"的马达声自远而近，我们立即停靠在小河边的树木丛中，每人把手榴弹拉开后盖，准备与鬼子同归于尽。

这一段文字，从一名医务工作者的视角讲述了抗日反"清乡"斗争的往事。与作战部队相比，没有武器保护的医务人员的反"清乡"斗争尤其艰难。在日伪残酷、血腥的"清乡"行动中，新四军医务人员为掩护、转移伤员付出了许多努力。他们面对的困难超乎想象，随时准备拉响仅有的一枚手榴弹，与敌人同归于尽。这是何其悲壮啊！顾励和郑苏方在这次反"清乡"斗争中结为生死之交。后来，她俩随后方医院从常熟突围转移到上海，又一同成为十八旅《前哨报》的通讯员。

三

1943年是苏中敌后抗日斗争最艰苦的时期。这年7月，新四军苏中军区司令员粟裕到十八旅（兼苏中军区第一分区）探讨地区特点和军事地位后，蔡啸奉命护送粟裕司令员穿越日伪占领区。关于其经过情形，在粟裕身边工作的老侦察科长严振衡回忆道：

我以为十八旅会派一支小部队护送首长（粟裕）归来……往远处一望，侦察员后面就是首长、秦参谋（秦叔瑾）和一个警卫班，一共才17个人……他们17个人于7月6日下午6时，由十八旅作战科长蔡啸护送，通过昭关坝据点。伪军关起门，让路通过。他们渡过运河，仍乘民船过邵伯湖在黄珏桥登陆，但不在黄珏镇留宿。夜暗中步行到黄珏镇西面数里的潘庄休息，鸡犬安宁。他们虽然只有十几个人，也得放一个哨，而且是首长看的地形，定的哨位。

由此看来，这支小分队是在粟裕司令员带领下穿越日伪占领区的。从地形上看，他们的处境甚是危险，南面的扬州城、槐泗桥、十五里铺是日军据点，北面是烟波浩渺的高邮湖、邵伯湖，西面的甘泉、大仪等亦为日伪据点。不过，对于军事奇才粟裕而言，要化解这些危险并非难事。粟裕对新四军进入江南敌后开展游击战争提出过许多新观点，国民党第三战区也曾慕名邀请粟裕讲授游击战经验。这一次跟随粟裕司令员穿越日伪区域，是蔡啸离开教导总队后继续向司令员学习的难得机会，对其游击作战经验的提升大有裨益。

四

解放战争爆发后，蔡啸一直参加主力部队的作战任务，先后参加了莱芜战役、淮海战役、渡江战役、京沪杭战役等。1950年，蔡啸调任第三野战军九兵团台湾干部训练团团长，准备配合解放大军解放台湾。夫人顾励则任台湾干部训练团卫生队队长，后进入上海第二军医大学学习，成为中华人民共和国成立后我军培养的最早一批军事医学专业人才。当年，中央做出了向东挺进，解放台湾的部署，因此，台训团的主要任务是根据中央指示开展对台工作。据台训团团员庄传鸿回忆，台训团约有600余人，主要由各部队的台籍指战

▲ 1973 年 10 月 1 日，蔡啸（左一）与在京台胞等在中山公园欢度国庆

▲ 1981 年 1 月，全国政协主席邓小平与台盟主席蔡啸在全国政协举办的新春茶话会上亲切交谈

员，北京、华东地区的台盟青训班学员，以及在沪知识青年组成。蔡啸曾致信台盟主席谢雪红，交流台训团的有关工作。后因朝鲜战争爆发，中央决定放缓对台工作，于 1951 年 12 月撤销了台训团。蔡啸调往空军部队，任空军航校校长、空军工程学院训练部副部长等职，被授予大校军衔，荣获中国人民解放军独立功勋荣誉章。顾励于 1958 年转业到地方后，一直坚守在救死扶伤的医疗岗位上，用自身所学为医疗事业奋斗一生。

1973 年 8 月，中国共产党第十次全国代表大会在北京举行，台籍中共党员蔡啸、林丽韫当选中国共产党第十届中央委员会委员。蔡啸说，"我这个出生在台湾省的党员被推上了新的战斗岗位"。曾在周恩来总理身边工作多年的林丽韫，则在回忆录中这样披露台籍党员当选十届中共中央委员的因由："总理当时就希望台湾同胞可以做中央委员"，"这件事都是总理直接关心的。当然也要经过党代会的选举。"

这是台籍党员第一次当选为中共中央委员，意味着党的对台工作进入了一个新阶段。其后，在毛泽东主席和周恩来总理的亲切关怀下，蔡啸和林丽韫组织台湾团参加第四届全国人民代表大会。台湾跟别的省市自治区一样，有了属于自己的代表团——台湾团，祖国统一的含义不言而喻。

蔡啸和林丽韫以中央委员的身份参加对台工作，周总理并对他们做了重要指示。其实，蔡啸早年在新四军部队时，曾聆听周恩来做报告《新阶段的新关键》，他难忘这位风度翩翩的共产党领袖的教诲。如今，能在周总理的领导下从事对台工作，蔡啸深感荣幸。在一个寒冷的冬日，周总理收到了长春的台胞子弟刘明来信。据林丽韫回忆，这位青年向周总理反映他想当兵保卫祖国，却因"台湾关系"未能入伍的遭遇，感慨为何"爱国的志愿不能实现"？周总理指示蔡啸和林丽韫调查了解情况，并接刘明到北京读大学。周总理对一位普通台胞子弟尚且如此，何况那些追随共产党，为祖国统一做出过贡献的台籍前辈呢？在当年的政治环境下，周总理的关怀犹如冬日的阳光，让遭受委屈的台胞们备感温暖，一些受到不公正对待的台胞逐渐被落实政策，回到了原来的工作岗位。

1975 年，在周恩来总理直接过问下，第三届全运会在北京召开。当台湾省体育代表团团长蔡啸带领的团队步入全运会会场时，引来了万众瞩目。这是中华人民共和国成立以来第一支参加全运会的台湾团。在第三届全运会上，蔡啸带领队员们展示了体育精神，更表达了台湾团的政治意义。一位大陆运动员以《骨肉同胞的赠言——写在第三届全运会上》为题记录了一个细节："一次乒乓球比赛后，我和一位台湾省籍运动员在乒乓球拍上互留赠言"，台籍运动员写下了这样的字——"台湾一定要回到祖国的怀抱"，我的赠言则是"台湾同胞，祖国人民的亲骨肉"。乒乓球是中华人民共和国第一个获得世界冠军的体育项目。1971 年发生的"乒乓外交"——中美两国乒乓球队互访成为举世瞩目的重大事件——对于中美两国关系取得历史性突破发挥了积极作用，也引起了台湾当局不小的震动。4 年后，台籍运动员和大陆运动员在全运会上互换乒乓球拍，互留赠言，这不仅是两岸同胞友谊的见证，更表达了两岸同胞冀望祖国早日统一的共同愿望。

1979 年新年伊始，全国人大常委会发表《告台湾同胞书》，郑重宣示了争

台湾省籍棒球队选

▲ 1975 年 5 月，蔡啸（左九）、林丽韫（左八）、苏子蘅（左七）等与台湾省籍棒球队队员合影

1975.5北京

取祖国和平统一的大政方针，两岸关系发展由此揭开新的历史篇章。在全国政协组织的讨论《告台湾同胞书》大型座谈会上，台盟总部负责人蔡啸深情地说："我是一个台湾人。我们的祖先从闽、粤来到台湾，和高山族同胞一起开发这块祖国的土地，守卫这块祖国的土地，世代相传，祖孙相嘱，虽经沧海桑田，中华民族的赤子之心长存。"他并强调，《告台湾同胞书》"完全符合台湾人民的根本利益，是台湾人民的迫切要求。台湾人民将从祖国的伟大号召中，获得希望、信心和力量。"

作为台盟二届总部理事会主席，蔡啸为台盟在"文革"后全面恢复、开展工作以及发展壮大组织做出了重要贡献。他在台盟第二次盟员代表大会上提出"进一步动员盟员和所联系的台湾同胞，同心同德，群策群力，为把祖国建设成为现代化的社会主义强国，为台湾早日归回祖国、实现国家统

▲ 1982 年 12 月，全国政协五届五次会议期间，台盟主席蔡啸（左二）在小组会上发言

一大业而做出更大的贡献。"蔡啸对一些台胞落实政策做了大量工作，多次督促为台盟首任主席谢雪红"右派"问题平反。他积极联络海外台胞，向海外台胞宣传和平统一祖国的政策，邀请海外台胞赴北京访问，反映海外台胞对祖国统一事业的建议，为海峡两岸的沟通发挥了积极作用。

台盟主席蔡啸的爱国爱乡情怀对子女影响至深。2017 年 12 月，蔡啸的女儿苏辉当选第十届台盟中央主席，接过台盟 70 年历史接力棒。苏辉说，"这不仅仅是职务，更是沉甸甸的责任，是千钧重担。"蔡啸父女相隔 38 年先后当选台盟主席，他们对台盟特殊而深厚的情感，恰恰印证了两代台湾人对祖国统一的期盼。

蔡啸是在祖国抗战烽火中成长起来的台籍军人，四十载军旅生涯，戎马倥偬，驰骋疆场，那是一段毕生难忘的岁月。他离开家乡半个世纪，魂牵梦萦的依旧是家乡台湾，并为祖国统一付出了诸多努力。生命最后十年，他期盼祖国统一的心情越来越迫切，渴望再回故乡台湾的愿望越来越强烈。蔡啸及同时代台籍爱国前辈，以自己奋斗的一生，诉说着台湾人强烈的祖国意识和民族情怀。蔡啸与顾励夫妇所走过的漫长人生路见证了两岸同胞血脉相连、骨肉相亲，他们的爱国爱乡情怀带给我们不尽的遐思、感动和力量！

知识分子的赤子情怀

苏子蘅与甘莹夫妇

1945 年春天仿佛来得特别早，春节一过，天很快变暖了。也许这只是一种感觉：每天都能听到日本军队节节败退的消息，心情怎么能不好呢？这时，我便结束休养，和甘莹一起，从香山回到城里，仍然住在西单手帕胡同乙 25 号。预感到抗战快胜利了，也预感到工作该更多了。

——苏子蘅

　　1945 年，作为大学教师的苏子蘅夫妇经过数年努力，终于联系上中共北平地下党组织。他们参加党的革命工作，为晋察冀抗日根据地输送了许多台籍技术人才。中华人民共和国成立后，这两位来自台湾的知识分子，为国家的科学、教育事业做出了贡献，为祖国统一大业殚思竭虑。苏子蘅夫妇以九十载沧桑人生路，抒怀中华儿女的赤子情怀，这也是那一代台籍前辈所共有的一种情怀。

▲ 20 世纪 90 年代，苏子蘅与甘莹夫妇在北京中山公园

　　苏子蘅出生于台湾彰化。1927 年 4 月，考入日本仙台东北帝国大学工学院，学习应用化学。同年 10 月，在仙台参加庞大恩（中共党员，后在红军长征中牺牲）等中国留学生组建的社会科学研究会。1928 年 1 月，经庞大恩介绍，苏子蘅加

入中国共产党，成为中共旅日总支部仙台支部的一员。苏子蘅认为，"对于故乡台湾的问题，要摆脱日本殖民主义者的统治，实现理想的社会，只能依靠强大的祖国，寄希望于中国共产党领导的革命斗争。"这是他加入中国共产党的初衷。

1928年5月，日军制造的"济南惨案"发生后，苏子蘅参加中共仙台支部举行的抗日活动，声讨日军侵略暴行，要求日军撤离中国。他负责反帝同盟仙台支部的宣传工作，并以中华留日学生联合会的名义，公开印发不定期的油印刊物《通讯录》，进

▲ 1945年，苏子蘅在北平

一步揭露日本侵略中国的行径。同年暑期，苏子蘅返回台湾，将中共中央机关刊物《布尔塞维克》等传递给彰化的进步青年，并积极参加岛内的抗日活动，宣传祖国大陆的革命形势。据老台共杨克煌回忆，他参加过彰化进步青年组织的一个秘密学习小组，这个小组曾收到苏子蘅由仙台寄回台湾的宣传共产主义的秘密文件。当年，台籍中共党员、台籍日共党员、台共党员，以及受共产主义思潮影响的台籍进步人士在岛内秘密传播马克思主义和共产主义思想，为台湾共产主义运动的发展奠定了基础。

苏子蘅与在日本从事抗日运动的台共党员苏新互有往来。苏子蘅回忆道：

1928年我在仙台，经常收到苏新寄来的日共机关报《赤旗》报，我每次去东京也要给他带去中共旅日留学生支部的宣传品。1928年末我去东京参加磺溪会时，苏新介绍我参加了台湾留学生组织"社会科学研究会"的集会。苏新等爱国学生在会上热情洋溢的讲话使我深受鼓舞，对于赶走日本侵略者、使台湾人民重见天日的前途，更加充满

了信心。我也在会上介绍了中国留学生的反帝爱国活动，揭露了不久

前日本当局镇压仙台的中国留学生进步活动的事实真相。

苏新曾负责东京台湾青年会下属的社会科学研究部工作，1928年春，台湾社会科学研究部独立为台湾学术研究会，以后，研究会成为台共在日本开展抗日斗争的主要力量之一。苏新和战友们为使台湾摆脱日本殖民统治，重回祖国怀抱而奋力打拼。苏子蘅和苏新在日本留学时分属不同的党组织，不过，他们的奋斗目标是一致的，在抗日斗争中保持联系与合作。苏新后来加入中国共产党，与苏子蘅等台湾同乡一起参加了中华人民共和国的社会主义建设事业。

1928年秋，在仙台的中国留学生反帝爱国活动受到日警镇压，庞大恩、苏子蘅等作为活动领导者被捕，后因日警缺乏证据而获释。在日本监狱中，苏子蘅遭受酷刑折磨，引发胸膜炎、结核病，切除几根肋骨，伤口未愈合，身体极度衰弱，这对他的健康造成了严重影响。1929年7月，中共仙台支部让他返台治病。当时，日本当局残酷压制共产党的力量，施行了针对日共的"四·一六"大检举，在日本活动的中共组织也处于险境。由于岛内尚无中共组织，苏子蘅要把组织关系转到台湾，"必须经过中央才能转关系，在当时的情况下很难办到"。基于安全考虑，庞大恩指示苏子蘅不必冒风险转组织关系，因此，苏子蘅的组织关系仍然在中共仙台支部。同年10月，日本当局逮捕仙台的26名中国留学生，旅日中共组织被破坏，在台湾的苏子蘅与中共党组织失去了联系。

1935年，苏子蘅赴日，一边继续六年前未完的学业，一边寻找党组织。1937年大学毕业，苏子蘅回到家乡彰化。1938年，他和彰化姑娘甘莹（原名甘端钗，其父甘得中曾与林献堂等共同推动台湾议会设置请愿运动）结为伉俪。

1936年，美国记者斯诺来到中国西北，采访从窑洞里走出来的中国共产党领袖毛泽东等，并于1937年卢沟桥事变前夕完成了《西行漫记》（《红星照耀下的中国》）的写作，在中外进步读者中引起极大轰动。这部纪实性很强的报道性作品也在台湾民众中秘密流传。苏子蘅透过《西行漫记》了解到祖国大陆在共产党领导下的抗日战争形势，深受鼓舞，决心到大陆寻找共产党，回

到革命队伍，参加抗日斗争。他向乡友谢雪红、杨克煌等征求意见，大家都支持他的决定。

二

1941 年，苏子蘅夫妇带着幼子苏民生，由台湾到北平。在沦陷区北平，为避免自己的台湾人身份被日本人利用，苏子蘅将籍贯改为广东汕头。直至 1950 年，苏民生小学毕业证上的籍贯栏，仍然是广东汕头。

经台湾同乡、北京师范大学文学院教授张我军推荐，苏子蘅在北京大学理学院化学系任教，甘莹则在北京师范大学代课，教日文。不仅如此，张我军还为他们一家安排了住处——西单手帕胡同乙 25 号。苏子蘅夫妇与张我军夫妇毗邻

▼ 1945 年，苏子蘅、甘莹夫妇及长子苏民生在北平

而居。苏子蘅对张我军夫妇给予的帮助甚为感激，他说："我们一家在北京人地生疏，幸亏张先生夫妇和老太太给予我们热情照料，使我们感到很温暖"。"我们和张先生是邻居，常去张家，在那里我们认识了一些台湾同乡。由于张先生对台湾同乡热情关心，抗日胜利后，被选为台湾同乡会领导人之一，为同乡做了好事。"20世纪80年代，张我军遗孀罗心乡、其子张光直（考古学家，曾任美国耶鲁大学人类学系主任，台湾"中研院"副院长）从美国到北京探望苏子蘅夫妇。此外，台籍作家洪炎秋（时任北京大学农学院副教授）也曾住在手帕胡同，与苏子蘅一家亦常来常往。

1945年春，苏子蘅夫妇每天都能听到日军败退的消息，他们敏锐地意识到抗战胜利的脚步临近了，心情变得格外轻松愉快。有一张相片记录了他们当时的心绪。此照摄于1945年的北平，是苏子蘅夫妇和长子苏民生的合影。相片中，这两位来自台湾的知识分子正处于人生的黄金年龄，苏子蘅面容清瘦、温文尔雅，甘莹略施粉黛、莞尔而笑。

苏子蘅迎来了人生的又一个重要时刻。他说："经过多年努力，终于在1945年5月与晋察冀边区城工部取得联系，重新找到了党组织，在党组织的直接领导下，参加革命工作。"在陈普缘（中共党员，曾是苏子蘅在日本冈山第六高等学校读书时的同窗）的帮助下，苏子蘅认识了两位晋察冀城工部联络员——北京师范大学数学系教授李鉴波和在北京大学工学院任教的周子建，并通过他们见到中共北平城工部学委负责人张大中。苏子蘅夫妇来往于北平和张家口之间，为晋察冀抗日根据地输送了许多台籍技术人才。

抗战胜利前夕，毕业于日本炮兵学校的台湾青年李子秀（原名吕芳魁，台北板桥人）冲破重重关卡，从日本经朝鲜到北平。苏子蘅了解这位同乡的报国志向后，将他推荐给中共北平地下党组织。当时，八路军炮兵尚处于创建阶段，李子秀正是党急需的炮兵技术人才。1945年6月，在张大中的安排下，李子秀顺利抵达晋察冀抗日根据地。他担任炮兵团军事教员，讲授各种大炮及反坦克战的技术和战术，为八路军炮兵建设做出了贡献。1946年春节，苏子蘅夫妇与李子秀在张家口重逢。谁曾想到，十天之后，苏子蘅再次到张家口，却是为追悼李子秀而来。李子秀组织军事训练时，因反坦克雷爆炸而牺牲，年仅25岁。如今，张家口烈士陵园矗立着李子秀烈士的纪念碑，聂荣臻元帅（原晋察冀军区司令员）为纪念碑题词。

苏子蘅曾在张家口参与筹建边区军工部化学研究所，他担任研究员、主任，甘莹则为编译员。解放战争开始后，苏子蘅一家随化学研究所撤往晋察冀后方，他继续进行科学研究事业。这时，化学研究所改由边区工业部领导，苏子蘅一家得到了工业部部长姚依林的关怀和照顾。1948年，各解放区开始抽调技术人员到东北工作，苏子蘅认为东北工业生产对革命起着重要作用，而且他留学日本多年，方便联系留用的日本技术人员，使他们发挥作用，因此向领导提出调东北工作的申请，得到批准。苏子蘅调东北解放区时，姚依林为苏子蘅准备了一件皮衣，并送苏民生一件棉衣，叮嘱他们注意御寒。途经大连，因工作和身体原因，苏子蘅留在大连，参与筹建大连大学工学院，任大连大学科学研究所研究员、研究室主任。

▼ 1973年6月19日，周恩来总理（中）在北京会见回到祖国大陆的旅美台胞陈逸松夫妇，苏子蘅（左一）、林丽韫（右一）陪同会见

三

　　1949 年，经谢雪红介绍，苏子蘅加入台湾民主自治同盟。甘莹则任台盟主席谢雪红秘书、台盟华北总支部委员等，并作为台湾代表团成员，参加了 1949 年 5 月在北平召开的中华全国青年第一次代表大会。根据台盟总部的指示，苏子蘅、简仁南、沈扶等积极着手台盟旅大支部的筹建工作，苏子蘅任筹备组组长。1950 年 4 月 2 日，台盟旅大特别支部正式成立，简仁南任主委，苏子蘅和沈扶为副主委。

　　以后，苏子蘅调回北京，长期在中国科学院工作，为中华人民共和国的科学

▼1976 年春节，部分在京台胞在苏子蘅家聚会，共迎新年

事业做出了贡献。他作为理工科人才，曾与李伟光、魏正明等从事医学工作的台湾同乡一道出席了中华全国第一次自然科学工作者代表会议。这次大会代表主要由理、工、农、医等学科领域的专业人才组成。1978年3月召开的全国科学大会，迎来了科学的春天，苏子蘅以台湾代表团成员身份参加这次科学大会。1980年，全国人大常委会任命苏子蘅为宪法修改委员会委员，他参加宪法修改工作。苏子蘅作为最高人民法院特别法庭审判员，参与审判林彪、江青反革命集团案。1983年，苏子蘅担任台盟主席。甘莹则在北京外国语学院执教二十余年，桃李满天下，中国驻日大使馆、领事馆的许多优秀外交官都是她的学生。她并担任中华全国台湾同胞联谊会副会长。

1995年，年届90高龄的苏子蘅在北京医院病床上重新加入中国共产党，完成了一生的政治夙愿。他感慨万千地写道：

50年间，我始终为党的事业尽自己最大的努力工作，把我所做的

▶ 20世纪90年代，苏子蘅在北京天安门城楼上留影

每一项工作都看成是党的工作的一部分。同时，我也亲身体会到党对我的关心、爱护和培养，从来没有把我当成外人，而是当成没有重新履行手续的党的一员来对待。……我虽年届九旬，仍然要尽自己最大的努力，为党的事业继续贡献我的一切，为祖国的社会主义建设，特别是为祖国统一大业发挥余热。

苏子蘅夫妇始终认为，"台湾是祖国的一部分，台湾的命运与祖国的命运是联系在一起的"。这是他们追随中国共产党的缘由，苏子蘅甚至为此付出了常人难以想象的艰辛。苏子蘅夫妇离别故乡半个世纪，再未能踏上故乡的土地，实为永远的遗憾！那一代台籍前辈将人生中最宝贵的年华奉献给祖国，他们用一生证明台湾人浓浓的爱国爱乡情怀！

沪上恋人　共抒乡愁

蔡子民与李玲虹夫妇

当年日本帝国主义投降，台湾光复，台湾同胞欢庆回归祖国怀抱的情景，至今还历历在目。尽管其后台湾又与祖国大陆分离几十年，但我相信台湾同胞对祖国的感情不会泯灭，祖国统一时，一定会再迸发出来。

——蔡子民

　　1949年5月，上海解放，一对青年情侣来到照相馆拍照留念，庆祝革命胜利。这对情侣是在上海参加中共地下革命工作的蔡子民和李玲虹，他们对即将诞生的中华人民共和国满怀憧憬。照片中的蔡子民西装革履，风度翩翩；李玲虹烫着卷发，光艳动人。这张合影后来成为他们的结婚照，不仅见证了他们的赤诚爱国心，也伴随他们走过风雨人生。李玲虹说，她和蔡子民的结合是缘分，有了这段缘分，才有了温暖幸福的家。

▼ 1949年5月，上海解放，蔡子民与李玲虹为纪念革命胜利留影

一

在一次口述历史座谈会上，我见到了蔡子民夫妇的长子蔡宁先生。他忆及父亲的经历，禁不住悲从中来，哽咽失声，谈话一度中断。从蔡宁先生的泪眼中，我看到了他对父亲的深切怀念之情。蔡宁先生承续了父亲母亲的爱国爱乡情结。

在展开蔡子民、李玲虹伉俪的故事之前，不可不提蔡李两家长辈的那些往事。李玲虹的父亲李伟光、蔡子民的父亲蔡渊腾都是台湾彰化二林人，他俩义结金兰，手足情深，并共同立下了抗日誓言。李伟光曾任台湾文化协会理事，领导了轰动全岛的反日农民暴动——二林蔗农事件。在这次农民抗争运动中，蔡渊腾是骨干分子之一。最终，农民抗争被日本殖民当局残暴镇压，李伟光和蔡渊腾双双入狱。隔着监狱的铁窗，李伟光喜闻次女李玲虹出世的消息。以后，李玲虹每年生日的那一天，总会想起父亲在日本监狱中度过的苦难岁月。李伟光刑满出狱后，赴祖国大陆，加入了中国共产党，在厦、沪等地开展党的秘密活动。在此期间，蔡渊腾给予李伟光的台湾家人许多帮助。蔡李两家本是世交，日后又结为姻亲，这段友情亲情使两个家族的关系尤为密切。

蔡子民和李玲虹从小听着父辈们的故事长大，对两个家族的特殊渊源一点都不陌生，然而，他俩第一次谋面，却是台湾光复的第二年。蔡子民和李玲虹相识的时间发生了错位，使他俩的人生轨迹乍看似乎是两条平行线，实际上第一次不期而遇，便注定了他俩的人生轨迹将交汇在一起。或许，这就是李玲虹所说的缘分吧。

蔡子民比李玲虹年长六岁，他早年赴日留学时，李玲虹刚满十岁。蔡子民从日本早稻田大学政治学系毕业后，在东京从事新闻工作，任东京《华侨日报》总编辑。1946年夏，蔡子民从东京回到家乡二林，经表叔公谢南光（时任中国驻日代表团副组长）介绍认识了苏新、王白渊等，进而与台籍进步人士王添灯等共同创办《自由报》。同年9月，李伟光以回乡探亲的名义，从上海回到台湾。李伟光在上海开办伟光医院，任上海台湾同乡会会长，参加中共上海党组织的地下革命工作，并与中共台湾地下党领导人关系密切。此次回乡，他肩负着联系台湾党组织的重

▲ 台海出版社出版的书籍

要使命。岛内各进步报刊对这位昔日台湾农民运动领袖返乡作全程报道，这不仅
是新闻敏锐性所使然，亦反映了台湾民众尊敬抗日爱国义士的普遍心理。新闻工
作者蔡子民自然不会错过采访这位离乡背井 15 载的抗日领袖、乡亲长辈的难得机
会。

李玲虹这样回忆蔡子民采访父亲的经过：

有一天庆荣（蔡子民）到台北励志社宾馆拜访我父亲，我跟往常
一样沏茶接待，又见一面。

李玲虹勾勒出一幅让人浮想联翩的画面。李伟光在台北接待了台湾政界要人，
并接受各新闻媒体的采访。好友之子蔡子民的到来，对李伟光意味着什么？他只
是对蔡子民继续着这些天来不断重复的历史叙述吗？面对这位特殊的到访者，李
玲虹真能保持"跟往常一样沏茶接待"的平常心吗？虽然我们无法揣测他们当年
的内心活动，但可以肯定的是，蔡子民的来访受到了热情欢迎，究其原因，自然

与两家的特殊渊源不无关联。蔡子民和李玲虹对此次经历——围坐于李伟光身旁，聆听他讲述抗日岁月——刻骨铭心。在台湾家乡，这样的情形既是第一次，也是最后一次。以后，他们先后到上海，这样的画面无数次被重复，就成为一种常态了。

当年，蔡子民所在的《自由报》人员构成比较特殊。进步人士王添灯任社长，蔡子民任总编辑，原台共人士苏新、潘钦信、萧来福等是报社的核心人物，中共党员吴克泰及进步青年周青、吕赫若（后加入中国共产党，20世纪50年代台湾白色恐怖时期牺牲）等任记者。中共台工委与《自由报》有密切联系，并在报社内部秘密成立了党的新闻小组，由台工委书记蔡孝乾（1950年在台湾叛变）直接领导。报社人员的政治立场在很大程度上影响了报纸的政治倾向。《自由报》宣传共产党的爱国民主政治主张，对台湾进步青年产生了积极影响。总编辑蔡子民在其中的作用不可小觑。

▲ 晚年的蔡子民夫妇在北京家中赏书画作品

二

李伟光十分疼爱聪慧懂事的女儿李玲虹，他结束这次归乡行程后，将正值桃李年华的女儿带到了上海。李玲虹初履十里洋场，面对眼前的繁华与喧嚣有些不适应。上海妈妈倪振寰的热情和体贴，使第一次离家的李玲虹备感温暖。

李玲虹离开台湾不久，岛内发生了反对国民党恶政的"二·二八"事件。蔡子民参加反对国民党当局的示威游行，撰文支持台湾人民"二·二八"抗争运动，并参与拟制要求台湾实行民主自治的"三十二条处理大纲"。社长王添灯以"二·二八"处理委员会委员的身份，向当时的台湾行政长官陈仪提出"三十二条"诉求遭拒，并因此被国民党情治机构杀害，蔡子民也被当局通缉。

1947年4月，在李玲虹见长李锡昭的帮助下，因"二·二八"抗争失败而撤离台湾的蔡子民，联络李伟光领导的上海台湾同乡会，住在伟光医院。此后，他和李玲虹朝夕相处，开始了他们的浪漫爱情。上海台湾同乡会附近的北四川路苏州河桥边有一家书店，书店对面恰好竖着一根电线杆。于是，电线杆就成了这对情侣约会的地点。有时候，李玲虹因电车延误而迟到，蔡子民就在电线杆对面的书店一边看书，一边等她。

当年的大上海，其繁华可与伦敦媲美。恰如英国哲学家罗素所言，上海和他习惯的伦敦并无多少区别。身处这座中国的大都市，蔡子民和李玲虹颇多感慨。上海之于他们，不光是一段风花雪月的故事，更见证了他们的祖国情怀和政治抉择。他们参加了中共上海地下党的革命工作。蔡子民担任上海台湾同乡会总干事，于1947年9月加入中国共产党。同乡会和伟光医院均是党的秘密联络点，作为同乡会总干事，蔡子民配合会长李伟光做了许多工作，并主编同乡会的油印刊物《前进》。蔡子民认为，台湾与整个中国的命运是连在一起的，只有中国共产党才能救中国。李玲虹则说，在父亲身边的这段日子，使她接触到许多为寻找台湾出路和祖国前途而出生入死的朋友，体会到了生命的意义和价值。

在李伟光的领导下，上海台湾同乡会与在香港的谢雪红、苏新等密切联络，

▲ 1983 年 3 月，蔡子民在中国驻日大使馆担任文化参赞时，与夫人李玲虹（时任一等秘书）在大使馆庭院内留影

支持他们在党的帮助下创立台湾民主自治同盟，对台盟积极响应中共"五一口号"深表赞同。蔡子民向台盟早期刊物《新台湾丛刊》投稿，与丛刊编辑苏新通信探讨台湾问题。后来，在李伟光的领导下，蔡子民参加了上海台盟的筹建工作。

三

上海解放后，中国共产党开始筹备第三野战军九兵团台湾干部训练团，为下一步解放台湾作准备。1949 年 8 月，三野九兵团台湾干部训练班在上海成立，后扩大为台训团。李玲虹脱掉长裙，穿上军装，成为台训团的第一批学员。其后不久，蔡子民和李玲虹调入华东局台湾工作委员会宣教科。他们先后参加了华东广播电台和中央人民广播电台的对台广播工作。

蔡子民曾任中央人民广播电台台播部新闻组组长，根据党的政策开展对台宣传工作。回忆对台广播的十载春秋，他为自己将最美好的青春韶华奉献给对台广播事业而深感自豪。蔡子民认为，广播不同于报刊，不是用眼睛看的，而是用耳朵听的。因此，他撰写的闽南话广播稿，注重与语言口语化相结合，甚至直接使用闽南话语句。蔡子民以一位"老台播"的身份，向从事对台广播的青年朋友们传授这一经验，使青年人获益匪浅。

李玲虹是中华人民共和国培养的第一代对台播音员，她以"李华"的名字对台广播，海峡对岸的台湾听众十分熟悉这位闽南话播音员独具特色的嗓音。在那个海峡两岸隔绝的特殊年代，对于每一位对台播音员而言，他们每天最快乐的时刻就是坐在播音室里，将自己对家乡台湾的思念化为最美的声音，使它插上翅膀跨越那湾浅浅的海峡，传到故乡的土地上，传到台湾亲人们的心田。20 世纪60 年代，一位长期收听大陆广播的台胞从香港专程来到北京，执意求见"李华"小姐——李玲虹。李玲虹见到这位热心的乡友，知悉自己主播的闽南话节目受到许多台胞的关注和称道，欣慰不已。

从事对台广播期间，蔡子民夫妇的良师益友苏新给予他们许多照顾。正是由于苏新经历过与台湾妻子和女儿别离的撕心裂肺般的痛，因而，他特别爱护蔡子民和李玲虹，尽量让他俩的生活和工作不分开。蔡子民目睹了苏新和妻子萧不缠离别的情景。蔡子民夫妇十分理解苏新与亲人被迫分离，只能隔海相望的痛苦心绪。以后，萧不缠冲破当年的政治藩篱到北京，而苏新已离世 5 年。海峡两岸解禁之后，苏新的女儿苏庆黎跟随母亲萧不缠来大陆祭拜父亲的亡灵，看望父亲的老友。苏庆黎曾任台湾《夏潮》杂志首任总编辑，是台湾的民主运动、社会运动参与者。其后，苏庆黎和母亲频繁往来于两岸之间，她们母女与蔡子民一家结下了深厚友谊。

1981 年，蔡子民任中国驻日大使馆文化参赞，李玲虹跟随丈夫赴日本工作。

他们向爱国台胞介绍大陆的发展情况，宣传祖国统一的方针政策，深受台胞信任。四年之后，蔡子民夫妇回国。蔡子民曾担任台盟中央主席，发表了大量关于台湾历史文化和台湾问题的文章。以后，这些文章编入其著作《台湾史志》和《台湾文化思潮与两岸情结》。1997 年，蔡子民随中国代表团赴港，参加香港回归庆典。当五星红旗第一次在香港冉冉升起时，整个中国都沸腾了。在中英香港政权交接仪式现场的蔡子民，眼里噙满了泪花，经历百年沧桑的香港终于回到祖国怀

▲ 1993 年 4 月，台盟主席蔡子民在台盟中央机关门口

抱，他怎能不激动！他更加坚信台湾问题在不远的将来一定能解决。

在前年的出版活动中，我又见到了蔡宁先生，他提及母亲将赴台参加纪念李伟光领导台湾农民抗日斗争的活动。不久之后，我看到了李玲虹在台湾的有关报道。九旬老人李玲虹仍然没有停下来，继续来往于两岸之间，为两岸文化交流付出了许多努力。她的执着和坚持令人感动和钦佩，使我们仿佛触碰到他们那一代台湾人内心深处的那一份情怀。走进他们的历史记忆，倾听他们的内心独白，使我们将历史、现实和未来串联在一起，产生对和平发展、民族振兴、祖国统一的强烈渴望和动力！

从雾峰林家
走出来的抗日革命英雄

林正亨与沈毅夫妇

　　在这神圣的战争中，我可算尽了责任。台湾的收复，父亲生平的遗志可算达到了，要是有知，一定大笑于九泉。我的残废不算什么，国家能获得胜利强盛，故乡同胞能获得光明和自由，我个人粉身碎骨也值得。请母亲不要为我残废而悲伤，应该为家族的光荣来欢笑。你并没为林家白白的教养了我，我现在成了林家第一勇敢和光荣的人物。

——林正亨

　　第一次看到林正亨的照片，我就心生一种莫名的亲切感。这位英俊的青年军官从重庆走上了革命道路，当年他去过的八路军驻重庆办事处，正是我现在工作的地点；他的妹妹林冈和妹夫鲁明，正是我十分熟悉的红岩人物。由于他和重庆有着千丝万缕的联系，我每次去中国民主党派历史陈列馆台盟史展区，都会在他的照片前驻足停留。那张照片摄于 1940 年赴昆仑关抗日作战前夕，照片中的热血男儿一身戎装，雄姿英发，向我们述说着他的凌云壮志。

一

　　林正亨出生于台湾名门望族——雾峰林家，祖父林朝栋将军是抗法英雄、

▲ 《林正亨画传》封面，林正亨戎装照摄于 1940 年赴昆仑关作战前夕

▲ 1940 年林正亨赴昆仑关作战前夕，寄给妹妹林冈的戎装照。他以诗句"笑斫倭奴头当球，饥餐倭奴肉与血"，形容奔赴抗日前线杀敌的报国激情和坚定决心

抗日英雄，父亲林祖密是追随孙中山革命的国民党元老。林正亨子承父志，于1937年考入南京中央陆军军官学校。后因抗战爆发，军校先后迁汉口、长沙、重庆等地。1940年1月，他奔赴广西抗日前线，参加了著名的昆仑关战役。在巍峨的昆仑关上，林正亨以诗言志，表达抗击倭寇、收复国土的雄心。

林正亨与沈毅夫妇的婚礼是在抗战时期的"陪都"重庆举行的。当年，集团婚礼（今称集体婚礼）作为一种新式婚礼，是西风东渐的舶来品，提倡节俭朴素，省去了传统婚礼的繁文缛节，成为社会时尚。早在1935年的大上海，已开此先风。"陪都"重庆的第一届集团婚礼则始于1939年。1941年11月12日，孙中山先生诞辰纪念日，重庆第十三届集团婚礼在夫子池广场举行，新郎林正亨与新娘沈毅在优雅的婚礼进行曲中，着中式礼服徐徐步入喜堂。林正亨自幼聆听父亲讲述追随孙中山革命的经历，他选择孙中山诞辰纪念日举行结婚仪式，其对孙中山的深厚情感流溢无余。

沈毅，原名沈保珠，印尼华侨，其父是当地有名的富商。林正亨在南京读军校时，沈毅曾与林家兄妹林双吉、林正亨、林冈（林双盼），及林双吉的未婚夫林天祥等人在大树根居民区合租了一处房子。林正亨和沈毅的爱情开始于这个叫大树根的地方。清晨，他俩常常沿着玄武湖跑步，赏"环洲烟雨柳"之美。1938年夏，沈毅高中毕业回印尼，林正亨则随陆军军官学校在炮火中辗转迁到重庆。这对热恋中的情侣只能鸿雁传书寄相思。1941年2月，沈毅为寻林正亨，冲破纷飞的战火，不远万里来到"陪都"重庆。

林正亨与沈毅夫妇在重庆有了一个温暖的家。由于婚后生活比较拮据，大姐林双吉和姐夫林天祥给予他们许多照顾。当时，林天祥是总后勤部所属的重庆汽车修配厂厂长，林正亨则任交通司上尉副官，在汽车修配厂工作。林正亨夫妇住在重庆化龙桥龙隐路十一号。那时候，许多台籍人士为抗日而奔赴重庆，住在李子坝、化龙桥一带。他们的回忆录常常提到李子坝、化龙桥，那里有他们不可磨灭的记忆。

二

1942 年 9 月，林正亨夫妇的长子林义旻在坐落于重庆歌乐山麓的中央医院出世。在一次口述历史座谈会上，我有幸认识了林义旻先生。林老知道我从重庆来，就聊起他和母亲在重庆的一段经历。林老说：

　　母亲生我时，恰巧遇上日机轰炸重庆。当时，父亲因公务在身，没能陪在母亲身边。中央医院修建在巍峨的歌乐山中，基于安全的考虑，整个医院关闭了所有光源。如果不这样做，一旦被盘旋在歌乐山上空的日机发现，医院很可能成为被轰炸的目标。于是，母亲在漆黑的产房里生下了我。

　　当年，日机对"陪都"重庆狂轰滥炸，企图毁灭这座城市，摧毁中华民族的抗战意志。中美两国在反法西斯统一战线背景下建立了抗日军事合作机构——中美合作所。时任该所副主任的美国海军情报官员梅乐斯（后升任美国海军中将）驻守重庆歌乐山营地，他的《战争日志》有这样一段文字："早上 7:45，歌乐山空袭预警信号塔挂上了一个灯笼，这表示有一架或多架敌机朝这里飞来。8 时，歌乐山信号塔挂上了两个灯笼，这表示飞机将

▲ 1943 年春，林正亨夫人沈毅与半岁的长子林义旻

在十至十五分钟之内飞来。"梅乐斯的叙述视角，还原了发生在七十多年前的那段苦难历史的一个片断。亲历重庆大轰炸的美国记者埃德加·斯诺说，重庆这座城市在承受着以往任何城市都未曾经历过的残暴轰炸。这使我们真切感受到重庆这座英雄城市的历史厚重感。沈毅母子经历了重庆大轰炸的炼狱，千钧一发的生死考验使沈毅对战争的认识尤为深刻，更加理解丈夫从军报国之志。

三

1944 年 7 月，林正亨在重庆参加了中国远征军。为保卫中国唯一的对外联系通道——滇缅公路，中国政府先后派出近 30 万部队进入缅甸与日寇作战，在付出了十余万人伤亡的代价后，中国远征军全歼缅甸日军。林正亨做出赴缅甸战

▼ 1944 年，林正亨一家在重庆

场的决定时，他的长子只有两岁，第二个孩子也快降生了。林正亨告诉妻子沈毅："没有国，哪来的家！"深明大义的沈毅挥泪送丈夫上抗日前线。在抗战烽火中，母亲送儿打日寇、妻子送郎上战场的悲壮画面，在千千万万的中国家庭中不断重复，每一次的生死离别，都是一首普通而不凡的悲壮史诗。

林正亨被任命为中国远征军步兵团指挥连连长，隶属抗日名将孙立人的新一军。他随部队从重庆到昆明整训，转乘飞机抵印度雷多，开赴缅甸作战。1945年春，中国远征军从缅北挺进缅中。在缅中最后一战，林正亨带领连队追击败退的日军，被日军空降兵包围。他和战士们背水一战，子弹打光了，就用刺刀、枪托和敌军搏斗。林正亨杀死数名日寇，身负十六处重伤，终因失血过多而昏迷。战友从死人堆里找到他，将他送到缅甸后方医院。一位医术高明的美国军医为他做了两次大手术，终于从死亡边缘把他救过来了。不过，林正亨双手伤筋，已成半个残疾人。

1945年8月15日，日本宣布无条件投降，中国人民抗日战争取得伟大胜利。10月25日，中国战区台湾受降仪式在台北公会堂举行，台湾重回祖国怀抱。正在云南昆明养伤的林正亨通过报纸和广播，得知台湾光复的消息，欣喜若狂。10月30日，他给在台湾的母亲写了一封长信。他说："台湾的收复，父亲生平的遗志可算达到了"；"母亲不要为我残废而悲伤"，"国家能获得胜利强盛，故乡同胞能获得光明和自由，我个人粉身碎骨也值得。"

▲ 2010年10月，台北举办纪念台湾光复65周年图片展，中国国民党主席马英九在抗日英雄林正亨图片前驻足而观

抗战胜利，林正亨想回重庆，和妻儿团聚。这位为国家作战而伤残的抗日英雄，此时已是军队的编外人员，连回家的路费都不够。他不得不拖着残废虚弱的身体，沿公路往重庆走，有

车搭车，没车走路，颇费周折回到了重庆。然而，妻子已带着儿女去了广州。林正亨找到在苏联塔斯社重庆记者站当记者的妹妹林冈。此时，林冈已加入中国共产党。看到日夜思念的哥哥站在眼前，林冈惊呆了。一年前，林正亨奔赴抗日前线，充满了青春活力，意气风发；一年后，他从战场厮杀归来，却衣衫褴褛、伤痕累累。这让林冈心如刀割。参加远征军前后落差如此之大，促使林正亨重新思考自己的人生，为他后来选择一条截然不同的政治道路埋下了伏笔。

通过林冈，林正亨认识了中共党员、《新华日报》记者鲁明，参加了中国共产党领导的革命活动。以后，这位带领林正亨走上革命道路的挚友鲁明，与林正亨的妹妹林冈结为伉俪。林正亨参加了朱学范领导的进步组织——中国劳动协会，被安排到重庆朝天门码头做工人工作。这使富家少爷出身的林正亨有机会接触底层工人，了解他们饱受剥削的生存状况，认识到社会变革的必要性。其后，他亲历重庆较场口事件，目睹爱国民主人士李公朴等被国民党情治人员殴打经过，自己也在事件中被国民党情治机构逮捕，这使他更加看清国民党专制残暴统治的本质。他认同中国共产党的爱国民主思想，进一步认识到，只有中国共产党才是中国真正的希望。

四

林正亨在重庆秘密加入中国共产党（另一说林正亨返台后加入中国共产党），并于1946年夏奉命返台开展地下革命工作，为台湾人民争取民主自由。林正亨凭着赴抗日前线杀敌的国民党军官履历，顺利进入台北警备司令部，任劳动训导营警官，后调任台湾省警务处第四科经济股股长。他以这一公开身份为掩护，秘密开展党的工作。

林正亨返台时间与中共台湾省工委成立的时间几乎同步。就目前收集的资料看，仅见1947年以后他与台工委的往来情形。林正亨是由重庆直接派往台湾的，其返台活动与中国劳动协会的工作有关。当时，他的组织系统并不从属于台工委，其政治身份在党内还未公开。

1947年，台湾"二·二八"事件爆发，林正亨在台北、台中参加了反对国民党专制腐败统治的斗争。他在台北组织了一支工人纠察队，维持社会治安。据蒋渭川的《二二八事变始末记》一文记载，自3月3日至8日期间，林正亨连续多次找蒋渭川，要求蒋渭川带领民众打倒当局，林正亨将号召千名青年作先锋，蒋渭川最终没有采纳这一意见，林正亨愤而离去。林正亨回到台中，想参加谢雪红领导的"二七"部队的武装斗争，不过，此时武装起义已经失败。于是，他和长辈林献堂（字灌园，台湾非武装抗日运动领袖）等一起同国民党军展开谈判。在他们的巧妙周旋下，武装斗争最激烈的台中地区，反而被国民党军杀害的台胞最少。

"二·二八"抗争失败后，林正亨赴广州秘密活动，台湾省警务处以逾假不归为由，于1947年8月免去了林正亨的公职。1947年8月28日，林献堂在日记里写道："正亨数日前归自广东，因在广东滞留三个月，而警务局之专员遂被免职。"这是林献堂日记所记录的林正亨几个关键时间点之一。

林正亨频繁赴香港、广州、日本东京，开展党的秘密活动，并加入了谢雪红领导的台湾民主自治同盟。由香港回台后，他奉命发展台盟组织，向岛内民众宣传台盟的爱国民主政治主张。国民党情治机构在岛内发现了台盟的宣传单，下令全岛追查谢雪红及其领导的台盟。国民党当局的反应表明，台盟组织在岛内有一定影响。这与林正亨等人的努力密不可分。

林正亨与中共台湾地下党组织保持联系，他在台北开办的建成皮鞋店，成为台湾地下党的秘密联络点。20世纪70年代，曾与林正亨有过联络关系的台籍中共党员张砚，在给林正亨之子林义旻的一封信中写道：

> 关于你父亲的情况，我知道的不多，他的直接领导是黄同志，黄被捕后，你父亲林正亨同志和台北市委书记廖瑞发同志的碰头和联络工作是我承担的，因此，我可以证明他是中共党员，但不知道他工作的详细情况。他的工作是上级直接抓的……

这段文字证实了林正亨与中共台湾地下党组织的秘密关系。当时，林正亨的主要活动范围是台北，其工作先后由"黄同志"和台北党组织负责人廖瑞发直接布置，可见其工作的重要性。

林正亨在台北家中组织读书会，宣传共产党的思想，团结台湾进步青年。

家中来来往往的人很多，沈毅敏感地意识到丈夫的工作与政治有关。她知道丈夫所从事的事业可能给暂时稳定的家庭带来重大变故，仍然全力支持丈夫。林正亨夫妇收听新华社广播，据此编写综合文摘、和平文献等资料，油印后发给进步青年学习。

据林正亨夫妇之子林义旻先生回忆，当年他和伙伴们在台北家中玩捉迷藏的游戏，无意间发现壁柜里挂着一幅中国地图，上面插着一些红旗。他好奇地问父亲：为什么插红旗？父亲说：将来你会知道的。随着中国人民解放战争的顺利推进，那幅地图上的红旗越来越多。林义旻后来知道那些红旗代表着人民解放军解放的城市。林正亨盼望有一天能亲手将五星红旗插在台湾的土地上，这是他和所有追寻红色祖国的台籍志士的梦想。

五

1949 年，台北党组织遭到破坏。同年 8 月，国民党情治机构开始侦查与林

▲ 1983 年 6 月，中华人民共和国民政部颁发的林正亨革命烈士证书

▼ 2015 年 8 月 25 日，台盟中央举办纪念抗日志
士林正亨诞辰 110 周年纪念会，台盟中央主席林
文漪、副主席黄志贤，以及国务院台办，中央统
战部有关领导等出席

正亨有关的台盟案件。因叛徒出卖，林正亨夫妇在台北家中被国民党情治机构逮捕。1949 年 12 月，由于国民党当局未掌握沈毅参加革命活动的直接证据，沈毅获释。

林正亨被捕后，一直没有暴露共产党员的身份。最终，国民党当局以林正亨参加台盟组织，印制宣传共产党主张的综合文摘、和平文献等为由，判其死刑。林正亨给母亲的诀别书写道，"我踏上父亲的道路——苦难与牺牲。这是崇高的品性和无比的光荣。"他已抱定为革命献身的决心。1950 年 1 月 30 日，随着台北马场町刑场的一声枪响，年仅 35 岁的林正亨倒在血泊中，成为"刑死马场町的第一个台湾人"。这位从台湾雾峰林家走出来的抗日革命英雄，为新中国淌尽了最后一滴热血，他短暂的生命绽放着绚烂的光芒。

在这里，需要对林正亨被捕时间多着一些笔墨。沈毅去监狱认领丈夫遗物时抄录的林正亨遗诗《明志》，附有如下一行文字，"正亨于阳历八月十八日（卅八年）被捕"，"沈保珠代抄于卅九年二月四日"。另据《灌园先生日记》记载，林献堂于 1949

年 9 月 23 日离台赴日本东京，9 月 25 日，其侄子林正亨到他的东京寓所探访。从表面上看，沈毅记录的林正亨被捕时间与《灌园先生日记》提供的林正亨信息相互矛盾。

沈毅对"八月十八日"的记忆是不会出错的，她的家庭从这一天开始遭遇劫难。林献堂一直有写日记的习惯，其日记所透露的林正亨信息也不应该有误。既然两处史料的来源都是可信的，何以会出现两个不同的时间点呢？

事实上，沈毅所记的八月十八日不是阳历，而是阴历。1949 年阴历八月十八，对应的公历日期是 10 月 9 日。台盟中央资料室保存的林正亨烈士资料有这样的文字："林正亨，台湾民主自治同盟盟员，1949 年 10 月被捕"。由此看来，沈毅和林献堂的资料不仅不矛盾，还可互为补充，即：1949 年 9 月 25 日，林正亨在东京拜访叔父林献堂，其后不久返回台湾活动，于同年 10 月 9 日被捕。沈毅在极度悲痛的情绪下抄录丈夫遗诗，将"阴历"误写为"阳历"，这一笔误恰好反映了林正亨夫妻感情笃深。

林正亨遇害前告诉妻子，"不要再抱有任何幻想，我的骨头能埋在台湾就是幸福，你好好带孩子，去大陆找林冈。"据林正亨夫妇的长子林义旻回忆，他曾去台北监狱探望父亲林正亨，父亲让他去北京找爷爷的朋友叶剑英将军（中华人民共和国十大元帅之一）在沈毅眼里，丈夫林正亨没有离去，而是一名出征还未归来的战士。沈毅继承丈夫遗志，辗转回到中华人民共和国，加入台盟，曾任台盟主席谢雪红的秘书。这位印尼女华侨坚守着对祖国的那份炽爱，在中华人民共和国走完了人生路。

从医报国 仁心仁术

简仁南与卢淑贤夫妇

　　1948年东北人民解放战争发动秋季攻势后，辽南军管区后勤卫生部，于该年11月1日在大连组织治疗队，医务工作人员莫不争先恐后踊跃参加，我关东医学院亦组织一队参与工作（简仁南时任辽南军区大连第三批手术队队长），受命于后方医院唐房分所参加光荣负伤战士的治疗任务。

——简仁南

在大连召开的一次口述历史座谈会上，我有幸见到了简仁南之子简国树先生。年近八旬的简老是台盟大连市委原主委，他向我们讲述了父亲简仁南在大连解放前后从医报国的经历，其间几度哽咽。简老对父亲的深切怀念之情，感染了在场的所有人。简老说，父亲后来不能从事他所热爱的医学事业，不能继续为国家做事，这是他最为痛苦的事情。简老所做的历史叙述，使我感触良深，于是，走近颇负盛名的台湾医生简仁南，就成为我必然要做的一件事情。

▲ 学生时期的简仁南

简仁南是台湾台南人，先后就读于台北医科专门学校、日本医科专业学校，曾是台南市医院医师、台南安仁堂医师。医生的职业是拯救人的身体，不过，面对日本殖民当局的残暴统治，台湾医生并不止步于此。他们不仅医治人的身体，更想医治台湾的"贫血症"，医治台湾人的"智识的营养不良症"，他们往往认为后者比前者更为迫切和重要。

在台湾文化协会的重要成员中，具有医生身份的知识分子所占比重相当大，包括从台湾总督府医学校（后更名为台北医科专门学校）走出来的蒋渭水、赖和、李伟光等。台湾文化协会推动反抗日本殖民统治的台湾议会设置请愿运动，并表现出强烈的中华民族意识和对祖国的向往。作为一名有民族感、正义感的年轻医生，简仁南也加入了台湾文化协会。这些台湾医生为台湾抗日运

▶ 台湾文化协会会员、台湾民众党党员纪念碑，修建在台北的抗日志士蒋渭水纪念公园内。碑上镌刻着1920年成立的抗日进步组织台湾文化协会会员名字，简仁南的名字亦在其中

动奔走呼号，与鲁迅弃医从文，试图利用文学的力量改变国民性的激情何其相似！这是时代赋予知识分子的历史使命和社会责任。

　　因参加抗日运动，简仁南被日本殖民当局开除医生公职，遂于1923年转赴大连。大连是中国的一个重要商埠，1905年被日本侵占。回顾中国近代史，积弱积贫，饱受帝国主义列强凌辱瓜分，这是中华民族撕心裂肺般的痛。简仁南初履大连，找到了台湾同乡、博爱医院院长孟天成。孟天成于1911年到大连，是最早在此立足的台湾医生，他曾在满洲铁路医院工作，后来开办了博爱医院。在孟天成的帮助下，简仁南担任满洲铁路医院中国人病房主任。1926年，简仁南与台南姑娘卢淑贤结为伉俪，他们在大连有了自己的家。卢淑贤勤劳朴实，待人诚恳，乐于助人，是丈夫的贤内助。在孩子们的眼里，父亲的成绩，有一半是母亲的功劳。

　　在简仁南的病人中，绝大多数是操着大连口音的同胞。简仁南对他们心生一种亲切感，这不仅是中华民族文化血脉所使然，台湾、大连相同的殖民地遭遇，很容易使人发出"同是天涯沦落人"的感慨。在苦难中挣扎的大连同胞，常常勾起他对苦难中的台湾乡亲的思念。到大连的第二年，简仁南当选为大连中华基督教青年会会长，并兼任这一组织所办的平民学校校长。他积极参加各种有益于祖国同胞的社会活动，为普及和提高贫民子女的文化知识做出了贡献，广受赞誉，在同胞中享有极高的威望。

1928年，简仁南在大连奥町（今民生街一带）78号创办了仁和医院。当年，大连的医疗设施和设备比较完整，私人医院、诊所近200家，其中由台湾医师开办的有二十多家，规模较大的是博爱医院和仁和医院。到仁和医院看病的，绝大多数是祖国同胞，医院的电话出诊服务，为急重病人提供了方便，颇受欢迎。简仁南对生活在底层的劳动人民十分关心，他在码头工人聚居的寺儿沟设立仁和医院分院，常常免费为工人们治疗，解除他们的病痛。工人们对这位医术高明、医德高尚的台湾医生甚是感激。简仁南为一些体弱的人开诊断书，使他们免遭日本人抓去做劳役，简仁南助人济贫的思想和行动深受群众赞扬，在工人中享有很高威信。

简仁南之子简国树说："仁和医院还成为大连以至东北地区台湾同乡的落脚点，当时许多台湾同乡亲友到大连、东北求学谋生，都曾在父母亲这里暂住和得到帮助。"太平洋战争爆发后，日本开始征调台籍日本兵投入战争。据一位为躲避日军征兵而赴大连的台湾同乡回忆，简仁南了解情况后，立即寄去路费及仁

◀1923年，台南医院的简仁南医生（左三）与同事们在一起

和医院的聘书证明，使他得以通过日本兵的检查，跨海到大连安家立业。这段小插曲不仅为仁和医院是台湾同乡"落脚点"的说法提供了佐证，也使我们窥见简仁南对付日本侵略者机敏果敢的一面。

简仁南与孟天成、杜聪明等台湾医学博士共同探讨学术难题，是远近闻名的医学专家。他一边行医，一边从事医学研究，在《台湾医学杂志》《日本泌尿科杂志》《满洲医学杂志》等刊物发表病理学、法医学论文，并于1940年以《动脉硬化症的实验研究》为主要论文，获医学博士学位。

<h1 style="text-align:center">二</h1>

1945年8月22日，大连解放，随即苏联红军对大连进行了军事管制。10月27日，在苏军支持下，召开了大连市中国人各公共团体代表大会，简仁南代表医师工会出席会议，出席会议的有市职工总会代表等十余人，会议历时3小时，协商成立大连市政府。11月8日大连市各界群众在市政府大楼广场召开大会，庆祝旅大地区第一个民主政权诞生。出于对祖国的热爱，简仁南主动将个人所办医院、医疗设备、药品、房产等捐给政府，支持经济建设，他还积极参加大连市的卫生行政领导工作，任大连卫生局医政科长。

简仁南是辽沈战役的亲历者，他曾以辽南军区大连第三批手术队队长身份，带领医务工作者抢救解放军伤病员，为东北解放战争贡献了自己的力量。抗美援朝期间，他参加了大连后方医

> **遼南軍區後方醫院唐房分所
> 住院傷員臨床統計觀察**
>
> 简仁南·王有生·張頴悟
>
> 關東醫學院治療隊
>
> **一、緒　言**
>
> 　　1948年東北人民解放戰爭發動秋季攻勢後，遼南軍管區後勤衞生部，於該年11月1日在大連組織治療隊，醫務工作人員莫不爭先恐後的熱忱的踴躍參加，我關東醫學院亦組織一隊參與工作，受命於後方醫院唐房分所參加光榮負傷戰士之治療任務，蒙王所長及各位軍醫的協助，雖然期日短促值僅不過兩旬而能得觀察住院傷員之臨床的經過，以作戰傷之統計倍荷榮負考深以爲幸。但其間須要檢的而玫做，已經做了而不知其依據，自不無粗漏或錯誤之處尤待指教。
>
> **二、臨　床　例**
>
> 　　**(一) 臨床的統計**
>
> 　　本統計處根據本所舊有的住院傷員205名，及11月4日新入所傷員（營口戰役）146名，11月10日由他所轉來者150名，共501名作戰傷員的統計以簡單之資格說明之。但對於這統計有應注意之點：

▲ 1948年，在辽沈战役中，辽南军区派出的手术队队长简仁南所写战伤临床医学报告

院抢救治疗志愿军伤病员的工作，任医务主任。面对敌我搏杀中流血甚至献出年轻生命的前线将士，简仁南对战争有了更深切的体悟，这段生死营救的经历在他的从医生涯中意义非凡。

大连市政府组建大连医院，后扩建为大连大学，内设医学院、理工学院、文学院等院系。简仁南参与筹建大连医学院，任解剖学、外科教授。通过简仁南的名望和人脉关系，刚刚诞生的大连大学吸纳了许多优秀的台籍医学专家和工程师。比如，来自台湾大学的李辰博士、周辉；来自英国剑桥大学的邱宝琼；以及在日本留学的陈文、邱宝云、黄奕柳等。这群台籍精英的名字已载入大连大学建校史，他们在校园里留下的足迹，成为这所与中华人民共和国同岁的大学引以为傲的一段历史记忆。多年以后，曾任教于大连医学院的陈文忆往昔，怀念那段难忘的岁月，更想念给予他关怀照顾的简仁南夫妇。此外，据上海台湾同乡会会长李伟光之子李锡光回忆，他在大连医学院学习期间，简仁南夫妇使他感受到了父母般的温暖。

大连市台湾省同乡会于 1946 年成立，孟天成任会长，简仁南任副会长。同乡会积极帮助乡亲办理返台手续。一次，因返台行程延误，整装待发的台湾乡亲滞留码头。据当年的亲历者回忆，"我们就这样在海边等候二十多天，只能吃瓮腌的大菜和小米，这时没打算回台湾的简仁南医生夫妇得知消息，三五天即载些食物来供给，直到我们离开。"台湾"二·二八"事件之后，一些同乡从台湾来到大连，联络同乡会。简仁南夫妇为他们解决生活上的困难。简仁南夫妇已记不清帮助过多少人，但是，所有受惠的人们永远忘不了这对乐善好施的夫妇。1949 年 3 月，大连台湾同乡会完成历史任务而解散。

据统计，大连解放前台胞（包括家属）约 700 人，大连解放后台胞陆续返乡，最终留下来的约二十余户，不足百人。这些留在大连的台胞都是医务工作者，他们每月在简仁南家聚会一次，分享医学经验，共抒思乡愁绪，亲密无间。后来，从解放区来大连的苏子蘅夫妇也参加了他们的聚会，大家对新中国充满了期待。这个增强台湾人爱国爱乡情怀的聚会，为以后大连台盟的筹备活动打下了基础。

简仁南与苏子蘅一见如故，他从苏子蘅那里系统了解到解放区的情况和中国共产党的政策，对共产党的主张深表赞同。在生活上，简仁南夫妇十分关心体

▲ 20 世纪 60 年代，简仁南与卢淑贤夫妇在大连

▲ 晚年时期的简仁南

质虚弱的苏子蘅，并替他照料幼子。据苏子蘅回忆："我们一家三人，常常去简家作客，来往较密。我爱人南下以后，我因病住院时，儿子民生一度住在简家，受到他们的关照。"苏子蘅之子苏民生则说："简仁南伯伯和卢淑贤伯母让我住到他们家，像父母亲一样对我关怀备至，简家的哥哥姐姐也都对我很好。"苏子蘅父子忘不了简仁南夫妇给予他们的关怀照顾。这是简仁南夫妇待乡友如亲人的又一则鲜活事例。

简仁南是台盟大连地方组织主要创建人之一。1949年9月，根据台盟总部的指示，苏子蘅、简仁南、沈扶等筹建台盟旅大特别支部，苏子蘅主持筹建工作。1950年4月，台盟旅大特别支部正式成立。这是台盟在全国成立较早的一个地方组织，也是第一个在大连成立的民主党派地方组织。简仁南当选为主任委员，苏子蘅和来自延安的同乡沈扶任副主任委员。简仁南夫人卢淑贤和沈扶夫人黎舒林负责支部的妇女工作。其后，简仁南任全国政协委员、辽宁省第一届人民代表等职，受到毛泽东、刘少奇、周恩来、朱德等党和国家领导人的亲切接见。1969年，简仁南在大连逝世。

正是由于对大连怀有一份挥之不去的情怀，简仁南送走一批又一批返台乡亲，自己则永远留在这座美丽的海滨城市。这位台湾医学博士的大连情结，恰恰体现了他对祖国母亲的挚爱之情！简仁南从医报国40载奋斗史，使我们看到了人性的真善美，他的故事像历史长河中一颗璀璨的珍珠，光芒四射、熠熠生辉。简仁南将仁心仁术的温暖带给了两岸同胞，台湾乡亲没有忘记他，大连人民没有忘记他！

探求台湾的曙光

蒋时钦与傅莉莉夫妇

　　不错，台湾依然是山秀水明，人杰地灵。站在"海宙"轮上，望着满目翠绿的基隆，我喜欢极了。每次碰到朋友，谁都告诉我，他在光复当初，如何感激，如何期待祖国和同胞，如何为协力政府，当尽力奔走等等。现在呢？力尽心灰，什么都不愿意做啦。由失望而消极，这是何等可怕的一回事。（台湾）向光明的路只有一条——向真正的民主的路，一直地向民主自治迈进罢。

——蒋时钦

　　蒋时钦是台湾抗日运动先驱蒋渭水之子。当然，他并不仅仅以这一身份出现在大众的视野里。这对父子都有过从事新闻工作的经历，他们针砭时弊、揭露社会的假恶丑、关切台湾乡亲，具有强烈的中华民族意识和家国情怀。台北二二八纪念馆曾举办"二二八事件与青年学生特展"，蒋时钦清俊的面庞跃入眼帘，使人们认识了作为"二·二八"亲历者、台湾学生领袖的蒋时钦。1950年，蒋时钦和妻子傅莉莉（原名傅百合，也有写作傅力力的。本文依据蒋建春的文章《七七四十九——对母亲的思念》，采用"傅莉莉"）怀着极大的期待奔赴新中国。蒋时钦为台湾民主自治而奋斗，这是他一以贯之的政治诉求。其实，追求台湾民主自治，不仅是那一代台籍爱国人士的梦想，更是当今爱国同胞的共同愿景。

　　蒋时钦是台湾非武装抗日运动重要人物蒋渭水的第三子。1931年8月5日，

▼20世纪50年代，蒋时钦与傅莉莉夫妇在北京。

蒋时钦只有12岁，这一天，他经历了丧父之痛，父亲蒋渭水永远地离开他了。蒋渭水病逝后，留给家人的仅"剩得萧条数卷书"。父亲具有中华民族情结和抗争精神，使蒋时钦自幼耳濡目染，对他的人生产生了重要影响。蒋时钦曾任《台湾民报》记者，后到上海从事新闻工作，并接触到左翼文化和共产主义思想。

1944年，台湾青年吴克泰赴沪寻抗日之途，幸得在上海当记者的蒋时钦帮助。吴克泰这样回忆上海经历：

> 他（蒋时钦）个子高高的，一副青年绅士模样，和蔼可亲……蒋时钦对我这个后辈很好，给我看过鲁迅的《阿Q正传》、巴金的《家》等小说，后来，他拿到了毛泽东的《新民主主义论》……他嘱咐我，你要是到了国民党区，就去找谢南光；如果到了共产党区就去找蔡孝乾（1950年在台湾叛变）……

蒋时钦接触的信息较广，不仅阅读左翼作家作品，亦看共产党领袖毛泽东的著作。他了解祖国大陆国共两党的复杂关系，支持共产党的革命主张和政治观点，关注国共两党的台籍人士动态，是一位颇具政治敏锐性和洞察力的优秀记者。吴克泰能有蒋时钦这样的管鲍之交，无疑是幸运的。虽然吴克泰没能如愿去延安，不过，他的革命之路也没有走弯路。1946年3月，蒋时钦和吴克泰在上海加入了中国共产党，奉命以新闻记者的面貌返台从事地下活动。

蒋时钦在中共台湾省工作委员会委员、武装部部长张志忠的直接领导下开展活动。据吴克泰回忆，他和蒋时钦根据张志忠的指示，以新闻记者的公开身份采访回乡的台湾抗日志士李伟光（中共党员、上海台湾同乡会会长），报道李伟光昔日带领台湾农民反抗日本殖民统治的斗争经历。与此同时，老台共、台湾《和平日报》记者杨克煌也做了李伟光的专访。杨克煌回忆资料指出，这篇专访与台湾地下党领导人张志忠的安排有关。由此可见，当年中共台湾地下党重视岛内新闻战线的斗争力量，认识到舆论导向对于党的工作的重要性。蒋时钦先后担任《民报》《政经报》《人民导报》和《自由报》记者。除《民报》外，其余三份报纸均由台湾左翼人士创办，带有浓郁的左翼色彩。蒋时钦关于民主自治的政治主张，集中体现在他任职于《政经报》和《自由报》时期的社论和政论性文章里。

二

台湾《政经报》（半月刊）是陈逸松、苏新、王白渊等台湾左翼人士为研究台湾政治和经济建设而创办的，苏新为首任主编。此报于 1945 年 10 月 25 日创刊，1946 年 7 月被停刊，共发行了 11 期。

在《政经报》后期，蒋时钦担任主编之职。1946 年，《政经报》第 2 卷第 5 期刊蒋时钦以"蒋瑞仁"为笔名撰写的社论《向自治的路》。第 2 卷第 6 期，亦是此报最后一期，刊其文《宪政运动及地方自治》，文章指出："我们要认识，现时政治的病根实为封建性官僚的独裁，只有争取民主政治才能解救这种毛病，这才是唯一的治本疗法。自治就是台湾民主运动的目标，光复与真正的解放是二件事，我们须要与全国民主战线相应，结集民众的伟大力量来争取地方自治。"蒋时钦鲜明地表达了台湾民主自治的政治诉求，并视其为全中国爱国民主运动的一部分。

抗战胜利、台湾光复，台湾民众对祖国充满极大期望，然而，国民党的接收官员却把"接收"变成了"劫收"。国民党官员在南京、上海、北平、天津、东北等地也演绎了类似的"劫收"大戏。国民党当局执政台湾仅仅一年多时间，政治专制、贪污腐化、物价飞涨、民不聊生，台湾人民对国民党极度失望。蒋时钦对此忧心忡忡，他在《政经报》的编辑

▲ 1946 年 7 月 25 日，台湾《政经报》第 2 卷第 6 期刊载主编蒋时钦的"编辑后记"

后记里写道，台湾人民"抱着满腹的不满，在痛骂，在冷笑或诅咒眼前社会的腐败丑态现象。我很怕若是这样弄下去，台胞不会患了精神衰弱，则会有爆炸的一天"。这使我不由得揣测，蒋时钦在昏暗的台灯下，落笔如飞地写下这段话时，是否想起了鲁迅所说的"不在沉默中爆发，就在沉默中灭亡"。不论鲁迅的话语是否浮现于蒋时钦的脑际，他暗示台湾人民是有反抗精神的，与鲁迅所表达的含义如出一辙，这是目眦欲裂的勇士发出的一声怒吼。苏新、宋斐如等台湾左翼文化人士也通过新闻媒体大声疾呼，表示如若当局不反省、改进，继续横征暴敛，台湾人民将会进行抗争。其后不久，官逼民反的台湾"二·二八"事件爆发，应验了前述预言。

1946 年秋，台湾抗日志士谢南光以中国驻日代表团副组长身份返台，并在中山堂发表关于民主问题的演讲。稍后，蒋时钦和吴克泰一道参加了谢南光与台北新闻界人士的聚会。吴克泰回忆道：

> 蒋时钦来对我说，谢南光要见新闻界的朋友，咱们一起去。我便随他到大正町临街楼上的一家日本料理店。到会的除了谢南光外，有台北市长游弥坚，《新生报》日文版副总编王白渊，《人民导报》总编、老台共苏新，《民报》的蒋时钦，我敬陪末座。

谢南光、苏新、游弥坚和王白渊都是日据时期的抗日志士，蒋时钦、吴克泰则是晚辈。蒋时钦之所以能得到几位长辈的信任，不仅源于他们对其父蒋渭水的敬重，蒋时钦在台湾新闻界的出色表现亦是原因之一。

1946 年 10 月 15 日，左翼刊物《自由报》（周刊）创刊，王添灯任社长，蔡子民任总编。"二·二八"事件发生后，《自由报》被迫停刊，共发行了 15 期。参与筹办《自由报》的苏新、王白渊和蒋时钦，曾是《政经报》的骨干力量。蔡子民说，"蒋时钦在《自由报》专门写有关自治问题的文章。"《自由报》的基调是台湾地方自治，蒋时钦透过《自由报》的管道，继续表达《政经报》时期的民主自治政治诉求。

《自由报》和李纯青主编的《台湾评论》曾全文刊载"重庆谈判"签订的《双十协定》，使台湾人民了解大陆的政治形势。台湾人民对《双十协定》关于"地方自治"的条款产生共鸣，并酝酿台湾地方自治运动。台工委支持这个运动，这也符合当时中共中央的方针政策。

《自由报》对台湾人民有吸引力吗？蔡子民回忆道："《自由报》因为比较能够反映台湾人民的生活、要求和斗争，很快就得到读者的好评，常常有进步人士和大学生到报社来访问、交谈或要报纸。"曾任《自由报》编辑的吴克泰则说："出刊后很受青年学生欢迎，但国民党很不满"。台湾人民和国民党当局迥乎不同的反应，说明国民党当局离台湾人民越来越远。相反，中共台湾地下党重视《自由报》，在报社内部秘密成立新闻小组，并发展进步记者加入共产党。《自由报》宣传共产党的民主政治主张，使越来越多的台湾进步人士产生共鸣。

四

1947 年，台湾"二·二八"事件爆发，蒋时钦和叔父蒋渭川等于 3 月 5 日成立台湾省自治青年同盟。蒋时钦负责起草组织纲领，主张撤销代表专制的行政长官制而改行地方自治，这是蒋时钦一以贯之的政治诉求。

据《新台湾丛刊》第五辑《台湾二月革命》记载：

> 3 月 5 日上午十时，"台湾省自治青年同盟"假中山堂，举行成立大会。由蒋时钦宣读该同盟纲领：一、建设高度自治，完成新中国的模范省。二、迅速实施省长及县市长民选，确立建国的基础。三、发挥台胞优秀守法精神，为促进民主政治的先锋。四、把握国内及世界新文化，贡献民族与人类。五、扩大生产，振兴实业，安定经济，富裕民生。六、刷新民心，宣扬正气，策进社会之向上。

这是蒋时钦所追求的民主自治大致轮廓。他期待将台湾建设为"新中国的模范省"，这是他和同时代台籍爱国人士提出台湾民主自治的终极目标。钩沉这段历史，使我们更加清晰地认识到，"二·二八"原本与"台独"无关，台湾人民主张台湾实行民主政治和地方自治，并没有所谓"台湾独立"之类的诉求。最终，"二·二八"抗争运动被国民党当局血腥镇压，台湾省自治青年同盟也随之解散。其后，蒋时钦以丘念台私人秘书身份，参与调查"二·二八"事件经过，搜集被害者的材料，并随丘念台到南京报告事件经过，为台湾人民请愿。

1947年冬，蒋时钦被国民党当局通缉，奉命撤离台湾，赴香港。他参加了中共香港地下党组织的活动，支持同乡谢雪红、苏新等人的爱国主张，批驳廖文毅的"托管论"等分裂中国谬论。谢雪红等人在香港创建台盟，提出了台湾民主自治主张，这是台湾人民在"二·二八"抗争中的政治诉求的延续，是那一代台湾精英一生追求的理想。蒋时钦夫妇支持台盟提出的爱国政治主张。1948年"二·二八"一周年纪念日，台盟发行纪念刊《台湾二月革命》，此刊详细记录了蒋时钦在"二·二八"中带领青年学生反抗国民党当局的经过。蒋时钦夫人傅莉莉在大春商行工作。大春商行位于香港德辅道中315号，台湾同乡陈金石任经理。这是共产党的秘密联络点之一，许多由台抵港的进步人士，通过大春商行，与党组

▼ 20世纪50年代，蒋时钦、傅莉莉一家在北京

织接上关系。此外，傅莉莉还参与接应日共领导人德田球一途经香港赴北京的秘密工作。

1950年，蒋时钦夫妇从香港到福建工作，后调到北京。蒋时钦在中央人民广播电台从事对日本广播工作，并研究战后日本经济。傅莉莉则任北京广播学院（今中国传媒大学）日语教师，副教授。傅莉莉后任台盟中央评议委员、全国妇联执行委员、北京市人大代表等。

1978年，中国开启了改革开放和社会主义建设的新时期，在所有中国人眼里，这是一个新的起点。对于生活在大陆的台籍人士及有亲属在台湾的大陆人而言，这一年还有一个特殊的含义——中国大陆对台政策发生了明显变化，开始鼓励大陆居民寻找在台亲人。就在这一年，傅莉莉经历三十年的漫长等待，终于与台湾的儿子蒋维夏在香港重逢。遗憾的是，蒋时钦已病逝十年，没能看到这一天。蒋时钦曾说，早年在上海打拼时，每当上海的卖花女拿着茉莉花出现于街头，他就患思乡病，在上海的六年中，年年如此。茉莉——谐音"莫离"，勾起他浓浓的思乡情愫。蒋时钦回到新中国后，没有一刻停止对故土和亲人的思念，他尤其牵挂留在台湾的年幼的儿子蒋维夏。2002年，傅莉莉如愿与大陆、台湾、美国的子女在台北团聚，替蒋时钦圆了思乡之梦。

当年，蒋时钦夫妇及同时代的台湾精英义无反顾地回到新中国，就是为了祖国统一、骨肉团聚。如今，两岸亲人跨过那一湾浅浅的海峡共叙衷肠，已不再是梦想，这必然使我们对中华民族大家庭的团圆满怀期待！

▲ 2009年9月，傅莉莉参加北京台盟组织的活动

携手踏上抗日征途

钟浩东与蒋碧玉夫妇

　　我以很沉重的心情来写这封信给汝。汝我共处已有十三年，时间不短不长，而且抗战期中在极端艰苦困厄的环境中，以汝孱弱的身体，共同甘苦。蕴瑜，我们也曾有不少美丽珍爱的过去，那些回忆与感怀时常要把我沉重的心情变松得多。我希望汝能很快就丢掉悲伤的心情，勇敢的生活下去。我将永远亲爱汝怀念汝，祝福汝。

——钟浩东

本文开篇引述的这段文字，是钟浩东牺牲前夕写给妻子蒋碧玉的诀别书，字字饱含对妻的深情。那份真情，沉重地拨动着我们的心弦。钟浩东与蒋碧玉伉俪有一张特殊的"合影"：蒋碧玉白发苍颜，岁月痕迹清晰地刻写在脸上，她怀抱着爱人钟浩东青年时代的一张照片。照片记录的时间是1937年，这不仅是他俩相识的时间，也是中国人民抗日战争史的一个重要时间节点。画面里的青年清俊秀美，目光深邃。散落在院里的石子显得有些凌乱。几簇野草长得蓬蓬勃勃的，让我们不由得想起鲁迅笔下的《野草》。鲁迅作品曾令钟理和（钟浩东同父异母的兄弟）废寝忘食，想必钟浩东也读过。野草精神象征着顽强的生命力，怎能不让钟浩东产生共鸣！这位青年用瘦削的臂膀搏风击雨，诠释着生命的意义。

钟浩东，原名钟和鸣，出生于台湾屏东，先后考入台北高校、日本明治大

▲ 钟浩东与蒋碧玉夫妇"合影"。（台湾著名学者蓝博洲先生提供）

▲ 1937年病后初愈的钟浩东。（台湾著名学者蓝博洲先生提供）

学政治经济系。1937年，在台北高校读书的钟浩东因过于用功而患上精神衰弱症，到台北帝大医院疗养，初识蒋渭水养女蒋碧玉（又名蒋蕴瑜，原姓戴，由舅父蒋渭水收养而改姓），他们是病人与护士的关系。那一年，钟浩东22岁，蒋碧玉16岁。当青春情愫开始萌芽时，他们似乎还没有察觉到。钟浩东爱唱歌，他教蒋碧玉唱《幌马车之歌》，这是他最喜欢的一首歌。每次唱起这首歌，他都情不自禁地想起了家乡的田园美景。

但凡了解台湾文学的人，对台湾乡土派作家钟理和的名字都不会陌生。在作品《原乡人》里，钟理和对给予他重要帮助的二哥钟浩东多所着墨：

真正启发我对中国发生思想和感情的人，便是我这位二哥。他少时有一种可说是与生俱来的强烈倾向——倾慕祖国大陆。……七七事变发生……二哥说日本人已在作久远的打算，而中国也似乎决意抗战到底，战事将拖下来。他已决定要到大陆去……原乡人的血必须流返原乡，才会停止沸腾！二哥如此，我亦未能例外。

▲ 1940年，钟浩东与蒋碧玉（中）赴祖国大陆前在台湾留影。（台湾著名学者蓝博洲先生提供）

这位作家用文学语言描述了"我"和二哥钟浩东的"原乡情结"。这种血脉亲情是与生俱来的,因而才有七七事变后钟浩东为躲避日军征兵而赴日本留学,又为抗战而跨海来到祖国大陆投入到抗战行列。在中华民族的危急关头,许多台湾青年回到满目疮痍的祖国,抒怀中华儿女的赤子情怀,钟浩东便是他们中的杰出代表之一。

1940 年,刚刚订婚的钟浩东、蒋碧玉携手踏上抗日之途,与他们同行的还有萧道应(台北帝大医学院第一届毕业生)、黄怡珍夫妇,及钟浩东的表弟李南锋。不过,他们的抗日之路一开始并不顺利。进入广东惠阳,他们被国民党军误认为日本间谍,险遭枪决,幸得台湾抗日英雄丘逢甲之子丘念台相救。于是,他们改变到重庆寻抗日前辈谢南光的计划,加入了丘念台领导的抗日组织——东区服务队(隶属第四战区)。

在东区服务队,钟浩东等人参与抗日前线的敌军俘虏工作和救护工作,积极开展民众抗日救亡宣传活动,参加抗日游击战,并潜入广州敌占区联系抗日台胞等。钟浩东与台湾义勇队来往,台湾义勇队队长李友邦对其才华颇为欣赏,李友邦秘书潘超(中共党员)与钟浩东亦有交情。

蒋碧玉这样回忆东区服务队的工作和生活:

> 在东区服务队,到过延安学习考察组训民众和游击战术的丘念台先生,采取延安的方式,让队里的上下老幼,生活、工作都在一起,并通过唱歌、演戏、绘画、运动、写作等娱乐活动,来接近民众,深入民众,把握民众。此外,丘先生还从延安带回来很多书。这些活动和书,自然对东服队的同志,造成一定程度的影响。
>
> 因为受到这样那样的刺激,我们发现陆陆续续地有人离队,不知去处。一直要到胜利后,我们才知道,原来这些队员都加入了曾生领导的东江纵队。

1938 年,丘念台以广州中山大学教授身份到延安考察。在延安期间,他向毛泽东、张闻天、林伯渠等共产党领导人表达对中共积极抗日的敬意,得到毛泽东的赞许。返粤后,他组织东区服务队,吸收台籍青年及延安抗日军政大学、陕北公学的粤闽籍青年参加。因此，这支抗日队伍带有浓郁的延安气息并不令人意外。东区服务队曾与共产党领导的抗日游击队——东江纵队合作抗日，并秘密成立了中共东区服务队党支部。

1945年抗战胜利后，钟浩东、蒋碧玉夫妇联系台湾义勇队队长李友邦，在广州协助台胞返乡工作。1946年春，钟浩东在广州加入民盟，接受返台筹建民盟机构的指示。同年4月，送走在广州的返乡台胞后，钟浩东也踏上了归乡之路。

二

1946年8月，经丘念台、李友邦推荐，钟浩东担任基隆中学校长，蒋碧玉则任职于台北广播电台。台湾光复后，国民党当局要求台湾国民学校、师范学校、中学教员由中国人担任，原来的日籍教员（光复前台湾各校日籍教员占95%以上）均被淘汰。因而，台湾各校面临"教师荒"，钟浩东接手的基隆中学自然也不例外。

台湾著名学者蓝博洲先生的著作《幌马车之歌》，记录了原基隆中学台籍教员钟顺和回忆校长钟浩东四处求贤寻才的经历：

> 钟浩东校长的作风是：只要听到哪里有好老师，他一定立即亲自登门邀聘。比如我，就是因为基隆中学欠缺专业的数、理、化老师，校长听人说我在美浓教数学教得很好，他立刻就到我家邀请我到基隆中学任教。

中共党员陈仲豪（后任汕头教育局副局长、汕头大学图书馆馆长）曾在钟浩东的领导下从事地下革命工作，并担任基隆中学训导主任。他说：

> 在回忆台湾往事时，我脑子里时时映现着钟浩东坚毅、亲切的形象。我与钟校长初识。可能是缘分，一见如故。他豁达开朗、穿着朴素、平易近人。他刚从抗日战场转到培养青少年的教育岗位，我在工作中领悟到他具有与众不同的办学理念和教育追求。他一开始便重视择师办校，认为好教师才能教出好学生。

钟浩东在东区服务队时已积累了办校经验（曾任罗浮山博西补习学校负责

人），对于教育工作有独到见解，深知师者对学生影响深刻且巨大，笃信"好教师才能教出好学生"。在钟浩东的努力下，基隆中学聚集了一大批进步知识分子，学校民主氛围浓厚。教员主要包括东区服务队老战友，及台湾、香港、广东、上海等地有教学经验的进步知识分子。其中，来自祖国大陆的教员占有相当大的比例，这也是当时台湾教育界的普遍现象。

▼ 1948 年，基隆中学校长钟浩东（坐左四）与第一届毕业生合影。（台湾著名学者蓝博洲先生提供）

三

钟浩东不只是一名中学校长，他更是一位革命者。当年，在岛内秘密活动的党派包括中共、民盟、农工、台盟等，一些台籍人士具有多重政治身份，比如钟浩东兼具中共、民盟政治身份，林正亨兼具中共、台盟政治身份。岛内斗争形势复杂严峻，这对中国共产党的革命工作提出了更高要求，中国共产党和各民主党派的关系更加密切，有利于革命工作的进一步开展。

1946 年 5 月，台籍中共党员吴克泰与钟浩东、蒋碧玉夫妇联络，吸收钟浩东加入中国共产党。同年 7 月，中共台湾省工委正式成立。按照中共台湾地下党领导人张志忠的指示，吴克泰直接联系钟浩东。蒋碧玉也加入了中国共产党，参加台湾党组织的地下革命工作。吴克泰忆及钟浩东，对这位老战友满怀敬意：

> 他思考问题比较深，经常揪头发，有些秃顶，他回台湾不像其他的"半山"要官要肥缺，而去基隆中学当了校长。我很快发展他入党，由张志忠批准后由我单线联系。这是 1946 年 5 月份的事，他是我发展的第一个党员。从此，我们成了莫逆之交。可惜，这么好的人在白色恐怖中英勇就义了。

在钟浩东的努力下，基隆的党组织逐渐发展壮大，基隆中学成为党的重要据点之一。1947 年 9 月，基隆中学党支部成立，在中共台湾省工委书记蔡孝乾（1950 年被台湾情治机构逮捕后叛变）的领导下开展活动，钟浩东任支部书记。蔡孝乾并负责台北地区的地下工作，因此，钟浩东为获取上级指令，经常往返于台北和基隆之间。1948 年 6 月，根据蔡孝乾的指示，中共基隆市工委成立，钟浩东任工委书记，下辖基隆中学支部、造船厂支部、汐止支部、妇女支部等。

明了作为中共党员的钟浩东所扮演的角色后，我们再梳理作为民盟盟员的钟浩东活动轮廓。钟浩东、钟国辉、徐森源、邱继英等人积极开展民盟在岛内机构的筹建工作，为"二·二八"事件之后正式组建民盟台湾省工委打下了扎实基础。基隆中学的民盟盟员包括钟浩东、钟国辉、徐森源、邱继英、杨奎章、钟国圆、徐新杰等，其中的大多数人同时有中共身份。基隆中学既是中共活动据点，也是民盟重要据点。关于基隆中学活动情况，民盟广东省委宣传部资料有这样一段文字："党盟并肩作战，患难与共，经常一起学习，共同讨论革命形势，研究如何对学生进行爱国主义教育，发展进步势力，与反动势力作斗争。"中共与民盟的密切关系一望即知。

1947年，台湾人民反对国民党恶政的"二·二八"事件爆发。事件中，钟浩东有何表现？吴克泰（事件期间，参加了台北党组织领导的斗争）回忆道：

> 这一期间，我没有特别布置钟浩东什么任务。我知道"二·二八"事变开始不久，他就写了一篇不太长的大字报，文字简练很有水平，抄写了很多份，拿到街上去张贴。

钟浩东可能没有直接参加党在台北领导的斗争，不过，他积极领导基隆中学党员、盟员投入到抗争运动中。据民盟广东省委宣传部资料记载，"钟浩东、黄德维（1946年年初抵台，最早赴台工作的民盟盟员）等同志还直接和起义总部取得联系。钟浩东和基隆中学的一些盟员，在学生中进行教育和发动工作"。"钟浩东同志知道杨奎章同志（民盟盟员）曾在基隆要塞司令部农场工作过，便和他商量深入司令部做策反工作"。前述钟浩东同起义总部取得联系，实际指向事件之初钟浩东曾在台北活动这一事实。"二·二八"事件是由台北迅速扩散到全岛，钟浩东掌握台北动向后返回基隆，组织基隆中学师生参加反对国民党当局专制腐败的斗争，教育学生保护外省籍教员，并酝酿对国民党人士的策反工作。

四

1948 年，基隆中学党支部承担了一项重要任务，即秘密编印中共台湾省工委直接领导的机关报《光明报》。蒋碧玉说，钟浩东卖房为《光明报》筹集办报经费。原台湾地下党员陈仲豪回忆道：

1948 年春，我接受中共台湾省工委下达的一项极为重要的任务，就是在校内编印中共台湾省工委直接领导的地下党报《光明报》。林英杰、李絜（徐懋德）和我三人负责领导《光明报》的组稿、编排、印刷工作。林英杰在台北收听延安发出的电讯，将记录稿由李絜带到基隆中学，交我审稿、排版，再交校内的钟国圆刻钢版，刻成蜡纸后由钟国圆和张奕明一起印刷。印刷地点经常是在后操场山坡宿舍或山旁一个洞穴里。有时我也到那里帮忙和清理"后事"，譬如点清份数，烧毁蜡纸稿和清洗印刷工具等。报纸印成后，由张奕明巧为包装，带

▼1950 年 10 月 2 日深夜，钟浩东写下与妻诀别书。（台湾著名学者蓝博洲先生提供）

到台北另一个秘密地点分发。

陈仲豪叙述了《光明报》编辑、刻版、印刷、发行经过。以往资料大多聚焦于《光明报》事件，陈仲豪的回忆则使我们对《光明报》本身有了更多的了解。据台湾著名学者蓝博洲先生研究，吕赫若、蓝明谷也参加了《光明报》相关工作。《光明报》不仅在岛内党员同志中秘密传递，亦在与党联系密切的老台共等进步人士，及台北、基隆大中学生中流传。据老台共王万得回忆，他曾收到地下党同志带来的《光明报》，并对此报印刷工作提出了建议。

作为在台湾秘密出版的中共地下党机关报，《光明报》传播中共中央的声音，报道解放战争捷报，在鼓舞民心方面发挥了积极作用。地下油印报虽然小，其作用却不小。当年，在国民党控制区，秘密印刷地下报刊，宣传党的主张，这是党的一种斗争方式，然而，敌我斗争异常残酷，某一环节稍有疏忽甚至差错，都可能使党的机构被暴露，而遭致命打击。

1949 年 7 月中旬，《光明报》引起国民党当局的注意，国民党当局认为这份宣传共产党的报纸的广泛传播，"证明了共产党在台的秘密活动极为活跃"。蒋介石看到"这份极尽嘲弄国民党之能事的公开刊物"，大发雷霆。同年 8 月，国民党情治机构以持《光明报》的台湾大学学生为突破口，侦知《光明报》与基隆中学党支部、中共基隆市工委的关系，钟浩东、蒋碧玉等 44 人先后被捕，钟浩东等 7 人被判处死刑。《光明报》事件使中共基隆市工委遭到严重破坏，成为 20 世纪 50 年代台湾白色恐怖的导火索。

1950 年 10 月 14 日，钟浩东唱着《幌马车之歌》，慷慨赴死，凛然成仁。蒋碧玉则被囚于"绿岛"。蒋碧玉被捕时，从容地对国民党情治人员说："我们难逃一死，但是，我们能为伟大的祖国、伟大的党在台湾流第一滴血，我们将光荣地死去！"这不仅是蒋碧玉的肺腑之言，更是在台湾白色恐怖中牺牲的钟浩东等革命烈士的由衷之言。我们不能忘记为中国革命，为争取台湾人民民主自治，为祖国统一而牺牲在台湾的无名英雄们！

翻译家伉俪

康大川与朱传香夫妇

　　抗日战争时期，我在郭沫若、冯乃超的领导下，从事"日本人民反战同盟"联络工作。抗日战争胜利后的 1946 年 6 月，我和冯乃超在欢送"日本人民反战同盟和平村工作队长谷川队"一行 170 多人回日本后，留在上海，继续从事中国共产党代表团的对日工作。

——康大川

十年前，我看到日本学者前田哲男的著作《从重庆通往伦敦、东京、广岛的道路：二战时期的战略大轰炸》，这是一部记录重庆大轰炸的书。我一直没有忘记书中一行醒目的小标题——康大川见到的"死亡大街"，当时我眼里的康大川只是重庆大轰炸的一名亲历者。后来，我查阅了更多资料，了解到康大川是一位经历不凡的台湾人，他的名字为日本人民所熟知。向日本人民介绍中国，与追求和平的日本人民交朋友，为中日友好交往付出了自己的努力，这才是康大川。

康大川原名康天顺，出生于台湾苗栗。1938 年，康大川毕业于日本早稻田大学商科。在祖国大陆同学的帮助下，他从日本返回祖国参加抗战，成为六十师政治工作队的一名队员，曾奔赴赣北、湘北抗日前线。

▲ 1949 年中华人民共和国成立前后，中国人民解放军康大川戎装照

1940 年 10 月，康大川任职于郭沫若领导的文化工作委员会（前身为军委会政治部第三厅，后被迫改组）第三组，参加敌情研究和对敌宣传工作。第三组负责"三厅"时期联系日本左翼作家、军委会政治部设计委员（少将军衔）鹿地亘领导的在华日本人民反战同盟的工作，并将反战同盟收集的日军情报等通过周恩来领导的中共中央南方局转送延安。康大川以联络员身份被派驻反战同盟重庆总部。文

工会乡间办公处设在沙坪坝金刚坡下赖家桥畔全家院子，与反战同盟总部毗邻。当年，田汉、阳翰笙、冯乃超、李可染、傅抱石等文化名流都住在金刚坡一带，康大川经常看到他们亲切的身影。

抗战时期，重庆是中国的"陪都"和世界反法西斯战争远东指挥中心。日本为彻底"摧毁中国的抗战意志"，于1938年2月至1944年12月对重庆及其周边地区进行了长期的无差别轰炸，史称"重庆大轰炸"。其间，1941年6月5日傍晚，日机对重庆市区长达5个多小时的疲劳轰炸，造成了震惊中外的较场口大隧道窒息惨案。据统计，死亡人数1010人，抢救脱险得以生还的1600余人。

当年，康大川在重庆经历了无数次大轰炸。那么，他眼里的重庆"大隧道惨案"是什么样呢？日本学者前田哲男这样记录康大川的历史讲述：

> "大隧道惨案"发生的第二天，或是第三天，康大川去上清寺播音，工作结束后去城里吃午饭。城里简直如死城一般，没有一个人影，商店和民宅虽然开着门却不见人的踪影。康又在附近转了一转，到处都是这个样子，时间好像停顿下来，连大路上也没有汽车在跑，偶尔有公共汽车驶过，里面却没有乘客。

康大川每周一要到位于上清寺的国际广播电台作日语广播。1941年6月9日，又到了每周播音的日子，他从文工会的乡间办公处赖家桥赶往市区上清寺，心情却跟往常不同了。工作结束后，康大川迫不及待地赶往距离上清寺不远的较场口。较场口昔日门庭若市、人声鼎沸，此刻却门户寂寥，似若无人之境。这是刚刚经历灾难之后的景象。康大川独行于此，虽然惨状已被收拾干净，可是，仍然能清晰地嗅出死亡的味道。或许，那一刻，他对死亡的感受，并不亚于直面苦难横截面的"大隧道惨案"幸存者吧。康大川的讲述，让我们从另一个角度看重庆大轰炸的历史。

二

后来，康大川离开重庆，赴贵州工作。这还得从国民党对反战同盟的态度谈起。1941年8月，国民党为摆脱中共对反战同盟的影响，以"思想极为不妥，

▲ 1941 年 8 月，反战同盟总部被解散时的临别合影，后排左四为康大川，前排左三为鹿地亘

还需要再训练"为由，下令反战同盟停止反战宣传工作，并将原为日俘的反战同盟盟员押往远在贵州镇远的军政部第二日俘收容所。临行前，康大川和反战同盟的朋友们一起在金刚坡留下了一张影像，这里有他们挥之不去的回忆。

文工会正计划给予镇远收容所的原反战同盟盟员更多帮助之时，恰巧机会来了。因收容所对战俘采用法西斯式的管理，造成了战俘和管理员的激烈矛盾冲突。国民党当局为避免矛盾进一步扩大，将所长撤换了，并希望文工会推荐一名精通日语、组织能力强的管理员。阳翰笙时任文工会副主任，他在《战斗在雾重庆——回忆文化工作委员会的斗争》一文中记录了有关情况：

当时，他们找不到合适的人选，只好求助于文工会。经过郭老（郭沫若，文工会主任）、我、冯乃超（时任中共中央南方局文化组副组长，文工会第三组组长）等同志的洽商，请康天顺同志（现名康大川）去就任。……大川同志到任后，改善了伙食、医疗、用水等条件，发挥战俘中各种业务人员的专长，改善了生活；同时，加强了学习，使收容所空气为之一变。大川同志的民主作风和实干精神受到大家的尊敬……

镇远的日俘收容所也被称为"和平村"。1942年6月，康大川怀着一腔热血和正义感来到镇远，任收容所中校主任管理员，其职位仅次于所长。阳翰笙的回忆资料表明，康大川在收容所的工作卓有成效。

收容所的日军俘虏主要由四部分组成，包括由原反战同盟重庆总部及桂林西南支部的盟员合并组成的"训练班"；从常德、桂林等地迁来的日俘中具有反战思想的俘虏组成的"研究班"；长沙会战中的新俘虏组成的"新生班"；关押在收容所后院内思想顽固的老俘虏。康大川的教育感化，使日俘感受到了人性的温暖，也促使他们的人性觉醒。当年，这样的战俘待遇，除延安、镇远之外，中国其他地方、日本乃至全世界，都是较为罕见的。人们通常会将战俘所与恶劣环境、酷刑、苦役甚至虐杀联系在一起，然而，这些恰恰是康大川到镇远收容所后从未发生过的。康大川与600名日军战俘相处，并与日俘同睡一室。当年的国际红十字会总部工作人员来视察，亲眼目睹康大川与战俘之间不可思议的信任关系，并称赞镇远收容所为"二战"中管理最好的战俘营之一。这一殊荣，自然与康大川的辛苦付出密不可分。

采访过康大川的贵州作家胡维汉在《镇远"和平村"记》一文中写道："日本战俘恢复了生活的情趣，享受到了异国的温暖。没有什么比这更能促使他们人性觉醒的了。他们在中国曾经像野兽一样猖狂肆虐，而在被禁锢之时却被受其欺侮的民族作为人来对待！"这段话语使我们不由得再一次审视康大川与日俘相处的日子，面对蹂躏同胞、夺我河山的侵略者，能如此从容且理性，这需要何等宽阔的胸襟啊！

郭沫若、阳翰笙指示康大川救援并协助组织反战同盟，使反战同盟免遭国民党右派破坏。在镇远，康大川先后发展反战同盟新盟员约150人，组织他们学习毛泽东关于中国抗日战争方针的军事政治著作《论持久战》等，使他们了解了周恩来、郭沫若等人对反战同盟的支持和帮助。毕业于日本明治大学的长谷川敏三，在日俘中颇孚威望，也是康大川发展的反战同盟新盟员。日后，长谷川敏三为中日友谊付出了努力，并以原在华日本人民反战同盟友好访华团团长身份带队来到中国，得到了抗战时期的老朋友阳翰笙、林林、冯乃超、康大川等的支持，康大川还全程陪同访华团到各地参观。当然，他们也一起回到故地镇远，重温那段特殊的历史记忆。

1942年11月，由于国民党情治机构对康大川与中共的秘密联系有所察觉，康大川被国民党宪兵铐上了镣铐。他先后被关押在重庆南岸土桥军人看守所、望龙门军统看守所、西郊五云山集中营。由管理战争囚犯——战俘，一变而为被管理的"囚犯"，这一人生角色的转换颇富戏剧性。国民党军统局内部根据监狱规模、"政治犯"案情性质，将所辖监狱划分为"小学""中学""大学"三个等级。关押过康大川的望龙门看守所被称为"小学"，所谓的"中学"是关押过廖承志，以及江竹筠等红岩英烈的白公馆、渣滓洞监狱，所谓的"大学"则是关押过杨虎城将军的贵州息烽监狱。两年的牢狱生活，使康大川更加笃信自己的政治抉择。抗战胜利后，康大川于1945年11月获救出狱，加入中国共产党，参加皖南地区的游击队。

三

康大川精擅日语，出色地完成了抗战时期的对敌宣传、收集敌情、管理日俘等任务。中华人民共和国成立后，他成长为一名优秀的办刊人，其工作仍然与日语相联。康大川根据郭沫若、廖承志的指示，负责筹建《人民中国》日文版杂志。1953年6月，《人民中国》日文版正式创刊，康大川任总编辑。

廖承志负责领导对日工作，是中日友好协会第一任会长。他十分关切《人民中国》日文版，为这份杂志的创刊和发展倾注了许多心血。廖承志和康大川是日本早稻田大学的校友，都有过身陷国民党军统重庆集中营，后经中共营救出狱的相似经历。或许，正是这些特殊记忆，使他们相见格外亲切，并结为一生的挚友吧。

康大川曾赴东北招贤纳士，使杂志社聚集了菅沼不二男、池田亮一、戎家实等优秀的日籍专家，并培养了刘德有、安淑渠等一批杰出的日语人才。国内最

▲ 20世纪50年代，康大川（左）与友人在国际新闻局留影

顶级的日语精英麇集于此，使《人民中国》日文版一问世，便广受赞誉。

关于办刊思路，康大川说：

> 请名家写稿，也是发展《人民中国》的一条路子。中国的不用说，
> 名作家、名画家如巴金、冰心、郭沫若、赵朴初等等，都慷慨撰稿；
> 日本方面只要来人我们就去请。日本名家如中岛健藏、龟田胜一郎、
> 井上靖、梅原猛、驹田信二、水上勉、陈舜臣、近藤芳美、安藤彦太郎……
> 都是日本文化界的第一流人物，他们既给我们写文章又成了我们的朋
> 友。

名家稿件提升了《人民中国》的知名度、吸引力。诚然，名家并非篇篇名作，
但是具有较高水平是毋庸置疑的。据康大川回忆，"文革"前，《人民中国》日

文版个别期号发行量达 12 万份。日中友好协会称赞《人民中国》对日本的日中友好运动产生的"作用是不可估量的"。在康大川等人的共同努力下，《人民中国》成为中国出版的日文杂志中读者最多的一种刊物，成为中日两国人民的友好桥梁。

有过留日经历的周恩来总理了解日本人民，周恩来总理和陈毅元帅曾出席《人民中国》十周年庆祝酒会，周总理对日本朋友和读者的诚挚情义感染了在场的每一个人。康大川说，周总理"向全体来宾敬酒"，并"举着酒杯，由我引导到每个宴席桌前，与每位来宾碰杯。他不只是碰杯，而且对每位外宾都要寒暄几句——他不是作为国家领导人对客人们致意，而是以编辑部一员对客人的支持表示感谢。为此，我们都感到特别亲切、特别光荣。"早在抗战胜利后的上海，康大川就在周恩来的领导下参加中共代表团驻上海办事处的对日工作。中华人民共和国成立后，周总理致力于中日和平友好事业，以博大的视野审视中日关系历史，强调以史为鉴，促进中日关系"向前看"。周总理的对日外交思想，使从事对日宣传工作的康大川终身受益。

四

《人民中国》是新闻总署国际新闻局（外文局前身）出版的刊物，包括英文版、俄文版、日文版，是中华人民共和国最早的对外宣传刊物。在国际新闻局，康大川认识了生命中最重要的一个人，这就是日后成为其人生伴侣的朱传香。康大川和朱传香几乎同步到达国际新闻局，当时的局长乔冠华对他们的才气甚是欣赏，情不自禁地流露出兄长般的关怀，慨而做媒，还做了他们的证婚人。

朱传香毕业于北京大学，从事翻译工作之前，曾在中法大学任教。朱传香刚到国际新闻局时，法文组只有三个人，包括组长戴望舒，副组长孙源。以后，法文组队伍逐渐扩展壮大，朱传香由一名青涩的青年翻译逐步成长起来，并担任了组长一职。法文版的《毛泽东选集》，就出自朱传香领导的这支法文专家队伍。

安宗国先生曾与朱传香共事。得知这一消息，我辗转要到安老的电话。安

▲ 20 世纪 60 年代，康大川与朱传香夫妇在北京

老十分热情地接受了电话采访，他说："朱传香敬业、正派、直率、善良，说起话来轻声细语的，大家都很敬重她。她是一个细致的人，气质很高雅。"安老的概括性描述，使我脑海里女翻译家的轮廓开始清晰起来。

关于朱传香，我了解的信息比较有限。幸得友人襄助，传来一组康大川与朱传香夫妇于 1991 年去各地旅游参观的合影照。其中一张生活气息浓郁的相片引起了我的注意。从画面上看，一对气质脱俗的暮年夫妇正漫步在林荫道上。这一天阳光分外柔和。身材高挑、端庄优雅的朱传香，着咖啡色毛呢套裙，浅色衬衫的蝴蝶结装饰得恰到好处，透露了她注意细节的思维习惯。她似乎在对着身边的爱人呢喃细语，康大川一面专注倾听，一面露出微笑、轻轻点头。他们在聊些什么？或许是两位翻译家在谈论挚爱的翻译事业，抑或是相濡以沫的爱人在交谈一件平凡小事。

▲ 1991 年 5 月，康大川与朱传香夫妇在日本

　　眼前这张普通而不凡的相片，记录了康大川与朱传香的伉俪情笃，更使我产生无穷遐想，时空层叠交错，我仿佛看到他们由青葱岁月到日薄桑榆的人生路。无论经历多少风雨，他们对祖国的挚爱和忠诚从未改变，这是他们那一代人的人生信念，也正是我们走进他们内心世界的一枚钥匙！

探寻文化救国的理想

张深切与洪爱月夫妇

我想我们如果救不了祖国，台湾便会真正灭亡，我们的希望只系在祖国的复兴，祖国一亡，我们不但阻遏不了皇民化，连我们自己也会被新皇民所消灭的。

——张深切

张深切是一位抗日斗士，曾在上海、广州等地为台湾抗日解放运动奔走呼号，将台湾的独立解放寄托于中国革命的成功，寄托于中华民族的强大与复兴。张深切是台湾新文化运动的先驱者之一，曾组建台湾演剧研究会、台湾文艺联盟，创办《台湾文艺》《中国文艺》等，文化救国的理想贯穿其中。张深切与鲁迅的交往，备受学界关注；他与周作人的关系，亦有学者作过研究。我们用心看张深切，才能读懂这位中国知识分子的情怀。

20 世纪 20 年代，几位台湾青年在广州慕名拜访鲁迅先生，探讨台湾革命问题，为他们创办的抗日刊物向鲁迅约稿。这成为我们论及鲁迅与台湾的渊源时，绕不开的一个话题。鲁迅时任广州中山大学文学系主任兼教务主任，这几位台湾青年便是中山大学法科政治系新生。台湾青年未忘记祖国，他们为祖国打拼的豪情感动了鲁迅。鲁迅慨言，"他们常希望中国革命的成功，总想尽些力，于中国的现在和将来有所裨益。"鲁迅在日记中数次提到这几位台湾青年的名字，爱惜人才的鲁迅帮助他们顺利入读中山大学，并免除了他们的学费。张深切就是这几位幸运青年中的一人。

张深切出生于台湾南投县，与林木顺（台共创始人之一）是同乡，曾在同一所学校念书。不过，他们相互并不认识，张深切倒是对林木顺的亲密战友谢雪红有深刻的印象。1924 年，弱冠之年的张深切与谢雪红相遇于祖国的大都市上海，他们一起参加了那里的台湾人抗日团体活动。张深切晚年回忆这段经历时，忘了自己在活动中的言行，却记住了谢雪红的不凡表现。到上海之前，张深切曾在台湾抗日运动先驱林献堂的帮助下，在日本度过了六年学生时光，结识了许多与他志趣相投的留日台湾青年。后来，他们中的大多数奔赴祖国大陆，成为大陆各地台湾人抗日团体的骨干力量。

1926 年，张深切来到广州。他与黄埔二期生李友邦、黄埔三期生林文腾等组建抗日团体——广东台湾学生联合会（后更名为广东台湾革命青年团）。其成员主要是由黄埔军校、中山大学、岭南大学等校台籍学生组成。张深切说，"为建立台湾的抗日革命，为协助中国的北伐革命，我们几乎天天开会讨论方策"，足见台湾青年对祖国大陆和台湾革命的激情。孙中山先生的革命思想对台湾青年产生了积极影响。在张深切等的领导下，广东台湾革命青年团参加广州举行的孙中山逝世两周年游行活动，并散发传单《敬告中国同胞书》，呼吁祖国同胞援助台湾革命，提出"毋忘台湾""台湾的土地是中国的土地"等口号。

1927 年 4 月 1 日，广东台湾革命青年团机关刊物《台湾先锋》创刊，黄埔军校副校长李济深为创刊号题字，黄埔军校教育长方鼎英，教官林文腾、施存统（中共早期领导人）、安体诚（中共党员）、韩麟符（中共党员）、任卓宣（中共党员）、陈日新等为创刊号撰文。张深切以"红草"为笔名撰写的《台湾为何须要革命》也出现在创刊号上。当时，张深切担任广东台湾革命青年团宣传部长，他对于《台湾先锋》的重要作用毋庸置疑。

前述张深切等向鲁迅先生约稿，即是为《台湾先锋》创刊号组织稿件。鲁迅先生对台湾抗日运动的支持和声援，令他们终生难忘。张深切等与鲁迅先生来往频繁，其回忆录《里程碑》对那时候的鲁迅有比较详细的描写。张深切写道，我与鲁迅"早有认识，自进入中大以后，更有来往。他虽然带有浓厚的绍兴口音，但我们讲话还能讲得通，用中国话讲不通的时候，还可以拿日本话帮助，所以我很喜欢去访问他……他平素不修边幅，发不梳，脸不刮，虽非蓬头垢面，却近似这样的'丰彩'。声音涩滞，中等身材，喜欢穿蓝布大褂，衔着一支小象牙纸烟嘴儿，不管有没有烟，衔着不放。"张深切是深受鲁迅启蒙和亲身教导的为数不多的台湾学生之一。在张深切眼里，不修边幅的鲁迅是那样的有风度，连他吸烟的姿态都是那样的亲切、自然。这真是一种历久弥新的回忆。

二

当年，在祖国大陆五四新文化运动的影响下，台湾知识精英在新文学、新戏剧、新歌谣和新美术等领域开展新文化运动，使台湾的民族运动与文化抗争相得益彰，对台湾民众产生了积极影响。张深切被誉为台湾新文化运动的先驱之一。他在台湾的新文化运动中有何出色表现？

张深切早年负笈东瀛时，已开始涉足新剧。后因广东台湾革命青年团事件遭日本殖民当局逮捕，入狱3年。1930年出狱后，他组建了台湾演剧研究会。研究会吸引了许多热爱戏剧创作的文学青年，也包括洪爱月女士、何非光等。台中乐舞台曾演出研究会的剧目《论语博士》《暗地》《汉乐》《方便》《为谁牺牲》《中秋夜半》《洋乐合奏》等，大多数剧本都出自张深切之手。在戏剧创作上，张深切凸显了抗日政治理念，被日本殖民当局强令停演。虽然研究会没能继续下去，但是张深切意外收获了爱情。他和洪爱月结缘于研究会，相伴走过了风雨人生。

研究会被解散后，张深切赴沪学习戏剧。1932年1月抵沪，他与好友何非光等一同住在上海市虹口区北四川路一栋公寓楼，那里恰好是"一·二八"事变

◀1935年，张深切与友人合影。前排左起：张深切、张碧烟（张深切之妹）、吴天赏，后排左起：杨逵、张星建（《台湾文艺》总编辑）。（图片来源：《张深切全集（卷12）张深切与他的时代（影集）》）

爆发地。1月28日夜，日本海军陆战队2300人在坦克掩护下由北四川路出发，向中国驻军十九路军发起进攻，十九路军奋起反抗，"一·二八"事变爆发。据张深切回忆，在枪响之际，他和何非光急忙将抗日传单、书简撕碎隐藏起来，经历了一整夜的恐怖与紧张。他们为何收集抗日传单？理由很简单，祖国同胞散发的抗日传单打动了他们，使他们产生了共鸣。以后，张深切在沦陷区北平致力于文化救国，何非光则在"陪都"重庆编导抗战影片《保家乡》《东亚之光》《气壮山河》等。

1934年，张深切与黄纯青、巫永福等组建台湾文艺联盟，张深切担任文艺联盟委员长，创办并主持刊物《台湾文艺》。台湾文艺联盟的创立及《台湾文艺》的发行，影响了此后台湾文学的走向。张深切认为，"台湾文艺带有启蒙运动的特别使命，不仅要为发表咱们的意愿，同时也要有启导大众的义务，任重而道远。"在张深切等人的努力下，《台湾文艺》以民族传统与文化传承为办刊主旨，成为日据时期台湾规模最大、影响最深远的刊物，培养了许多优秀的作家，促成了20世纪30年代台湾文坛的蓬勃发展。

1936年12月，祖国著名作家郁达夫访问台湾，日本殖民当局对郁达夫此行进行了全程监视。在台中，郁达夫与台湾文艺联盟委员长张深切等作家会面，叙

▶ 1936年12月，作家郁达夫（前排中）到台湾，与台湾作家张深切（左一）、林文腾（左二）、李献璋（左五）、张星建（左六）合影。(图片来源：《张深切全集（卷12）张深切与他的时代（影集）》)

◀20世纪40年代，张深切（前排右一）与张我军（后排左一）、洪炎秋（后排左二）等在北京。（图片来源：《张深切全集（卷12）张深切与他的时代（影集）》）

谈一个多小时，并合影留念。原台湾文艺联盟委员黄得时这样评价郁达夫的台湾之行，"在台湾勾留的期间不过十几天，但是对于台湾文化界的刺激非常强大"。台湾作家和同胞对郁达夫的热烈反应，与日本殖民统治者迥然不同，这是台湾民众与生俱来的中华文化意识和中华民族身份所使然。

三

　　张深切不仅活跃于日据时期的台湾文坛，也曾是沦陷时期北平文坛的风云人物。抗战爆发后，张深切因"身为汉民族的一员，殊难忍看江山沉沦"，而投入祖国的怀抱。这是作为中华民族一分子的台湾人民的真切感受，是当年无数台湾青年奔赴祖国大陆的强大动力。1938年3月，张深切来到被日本占领的文化古城北平。一看到紫禁城，他不禁"触景热血沸腾，流出激动的眼泪"。在他的眼里，这座驰名世界的文化古城是中国的象征，北平的苦难便是祖国的苦难，他要为祖国母亲"尽点义务"。

　　1939年，张深切在沦陷区北平创办了《中国文艺》，担任发行人和主编。在当局严密的监查控管制度之下，《中国文艺》有限地保守一丝文艺的纯粹，坚持"编辑方针和内容不受任何干涉；杂志里绝对不刊登任何宣传标语；保持纯文艺杂志的形态，不作主义思想的宣传；不加入其他新闻杂志社所结成的团体做政治活动"四大原则。张深切在《中国文艺》创刊号上大胆表露抗日救国思想："吾人不怕国家的变革，只怕人心的歼灭，苟人心不死，何愁国家的命脉会至于危险，民族会至于沦亡？""文化是国家的命脉，是人类的精神食粮。"由此可以窥见这位抗日爱国的台籍知识分子致力于振兴中国文化的理想和抱负。张深切借着这份刊物，传达"文化救国"的主张，鼓舞了在枪炮和刺刀威胁下的北平同胞们的民心士气。张深切在异常困难的环境中开展弘扬中华文化的活动，为华北地区文坛从死寂到复苏发挥了重要作用。由于《中国文艺》的内容违反了日本侵略者的政策，张深切后来被迫退出他一手创办的中国文艺社，并被迫离开执教的国立艺术专科学校。

其后，张深切在新民印书馆谋得编辑一职，并参与筹办由新民印书馆出版的《艺文杂志》（1943年7月创刊）。因工作关系，张深切与周作人多有交往。周作人主持艺文杂志社工作，张深切一度担任此刊要职，后张深切拒绝日本文艺报国会的过多管制而退出艺文杂志社，与周作人决裂，并辞去了新民印书馆编辑之职。从此，张深切同沦陷时期的北平文坛彻底疏离，转而经商为生。

凭着张深切对日本文化和日本人的了解，及极强的中、日文写作能力，要想在沦陷区北平谋一份高薪的工作，获得较高社会地位并非难事。正是由于他是一位有民族骨气、充满正义感的知识分子，所以才先后离开《中国文艺》和新民印书馆，辞掉国立艺专教职。他原以为经商是自由的，行动不会受限制，殊不知，沦陷区的贸易均掌控于敌伪势力之下。张深切不愿就范，以致经商之路饱受折磨，个人生活陷入穷愁困顿之中，并因涉嫌抗日遭逮捕，险些丢掉性命。

张深切与同乡张我军、洪炎秋交情颇深，他们在北平文坛颇负盛名，被誉为"台湾三剑客"。张我军眼里的张深切是什么样呢？张我军为张深切的著作《在广东发动的台湾革命运动史略》作序，其中有这样一段文字：

> 深切的名字，我是在距今二十余年前编辑周刊时代的《台湾民报》时
>
> 就认识了，但是见面始于民国二十七年（1938）他到北平以后。因为彼此

▲ 20 世纪 40 年代，张深切与洪爱月夫妇在北平东城家中合影。（图片来源：《张深切全集（卷 12）张深切与他的时代（影集）》）

谈话投机，至少使我认为在反对日本帝国主义及其统治台湾一点上是难得的同志，所以认识后比较地常常来往。因此我自以为颇知道他的为人。

深切是一个好强的人，信念坚固，做事说话是走直线的，不会迂折婉转，写文章也是直冲的，不善修辞润色，所以易于得罪人，得罪事，从而容易闯祸。

在北平的岁月，张深切的妻子洪爱月一直陪伴着他，共同度过人生的跌宕起伏，共同面对深渊薄冰的艰难处境。他们有一张摄于 20 世纪 40 年代的合影，这是在当年北平东城的家中拍摄的。张深切着一身整洁的对襟短衫，洪爱月特意穿上了立领镶边布旗袍。他们的这身装扮，就是古城

▲ 1946 年，张深切担任台中师范学校教务主任。（图片来源：《张深切全集（卷12）张深切与他的时代（影集）》）

▶ 1963 年，张深切与洪爱月夫妇在台湾。（图片来源：《张深切全集（卷12）张深切与他的时代（影集）》）

北平普通百姓的装束，看上去是那么的自然、亲切、舒服。八年的北平生活，是他们人生中十分重要的一个阶段，满溢着"老北京"味儿的照片，很容易将人们的思绪带到那个年代，甚至使人产生想要与张深切对话的冲动。

张深切一直关切在北平的台湾乡亲，他曾利用旅平台湾同乡会会长身份，竭力阻挠日军征用在华北的台湾人参战。抗战胜利后，张深切、张我军、洪炎秋等积极协助滞留北京的台湾同乡返台。1946 年，张深切夫妇回到家乡台湾。受台中师范学校校长洪炎秋之邀，张深切担任学校教务主任。台湾"二·二八"事件之后，张深切隐居南投山中埋首著述，出版回忆录《里程碑》《我与我的思想》等。

张深切说，"我们如果救不了祖国，台湾便会真正的灭亡，我们的希望只系在祖国的复兴。"这是张深切及那个时代的台籍抗日精英坚守的信念，恰如其战友李友邦立下的"保卫祖国，收复台湾"之铮铮誓言。作为张深切的挚友，国学大师徐复观先生对张深切作如是评价，"流注着对社会的正义感，以及对自己民族的热爱"。本文记述张深切人生中的几个片断，以期使人们了解这位中国知识分子为民族独立和国家富强而付出的努力，读懂张深切及那个时代爱国知识分子的家国情怀。

文学才子的民族情怀

张我军与罗心乡夫妇

五十年来和日寇明争暗斗，始终不为所屈的是台湾人，唯一的期待是祖国强盛起来，从敌寇掌握中夺回台湾。现在他们的目的达到了，他们是怎样地欣慰，这由派赴台省的中央通讯社和各报记者的报告，以及国内各省市的台胞屡次的表现，国人应该是深知的。

——张我军

日据时期，张我军发出一声呐喊——"台湾文学乃中国文学的一支流"，引起了两岸文学界的共鸣。他反复强调自己的中国人身份，他的文章从中华民族的立场思考中日关系，其行间字里透露着深厚的祖国情怀。"九·一八"事变、七七事变接踵而至，他为祖国命运忧心如焚，并公开表示只有日本撤军才有和平。张我军说，台湾人的身上流淌着中华民族的血，是先天的。这是我们走进张我军及那一代爱国爱乡的台籍前辈心灵世界的钥匙。

1924 年 12 月，台湾青年张我军发出一声呐喊——"台湾文学乃中国文学的一支流"。这一观念在张我军的脑海里根深蒂固，这不仅是他的文学主张，更饱含着他对祖国的深情。当时，日本殖民当局离间台湾人民与祖国同胞的感情，禁止台湾人读汉文，并严厉镇压台湾抗日运动。在如此险恶的政治环境下，张我军敢于通过《台湾民报》这一载体，公开表达自己的文学观念和中华民族意识，可见其为文学革命冲锋陷阵的胆识与气魄。祖国大陆学者朱谦之更明白无误地指出，台湾革命史是中国革命史的一部分。1895 年甲午战败，清政府将中国领土台湾割让与日本，但是，中华民族的血脉亲情是割舍不断的，两岸知识分子喊出了爱国同胞的共同心声。

张我军出生于台北板桥，早年赴厦门、北平等地半工半读。他受五四新文化运动洗礼，是台湾新文化运动的先驱者之一。身为《台湾民报》的编辑，他通过此报向台湾民众介绍祖国大陆的新文化运动，及陈独秀、胡适等人的新文学革命主张，转载鲁迅、冰心、郭沫若、郑振铎等祖国作家作品。他撰文《糟糕的台湾文学界》《为台湾的文学界一哭》《请合力拆下这座败草丛中的破旧殿堂》《文学革命运动以来》《新文学运动的意义》等，批判旧文学与旧道德，大力倡导白话文和新文学，引起了台湾文学界的共鸣。海内外学界关于张我军对台湾新文学运动的贡献及其在台湾文学史上的重要地位等著述颇丰，本文对此不再赘述。

张我军的作品《乱都之恋》是台湾新文学运动的第一部新诗集。诗人以"T岛青年"自称，抒写自身争取自由恋爱和自主婚姻的悲欢离合，可谓台湾新诗坛一朵绚丽的鲜花。张我军和爱人罗心乡相识于北平城。罗心乡，原名罗文淑，湖北人，幼年随父母迁居北京，北京女子师范学校学生。张我军创作的第一首新诗《沉寂》，便是为罗心乡写的，这首诗是《乱都之恋》的开篇之作。恋爱自由、婚姻自主是"五四"时代的青年们所热烈追求的生活理想，许多青年人冲破封建思想枷锁，大胆追求爱情和幸福，然而，最终却往往以悲剧结束。张我军和罗心乡是幸运的，他们的爱情极其珍贵来之不易。罗心乡曾面临被长辈许配给他人的险境，远在台湾的张我军竟毫不知情。1925 年 4 月，张我军接到挚友洪炎秋发自北平的电报，方知恋人的危险处境。他匆忙赶回北平，带着罗心乡辗转回到台湾。张我军和罗心乡的抗争终于如愿，经双方家长同意，他们在台北举行了婚礼。台湾抗日运动的风云人物林献堂、王敏川分别为他们证婚、主婚，《台湾民报》同仁及文化界人士也送来了祝福。

为了让新婚妻子认识自己的家乡台北板桥，张我军带着罗心乡游览板桥林家花园，并在庭园里留下了一张珍贵的合影。年轻俊朗、浑身透着诗人气质的张我军倚靠着假山石，身旁是着学生装的罗心乡。这位在北平长大的姑娘留着浓密

▼1925 年，张我军与罗心乡夫妇在板桥林家花园

的长刘海，布短褂配黑裙，脚上一双搭扣黑皮鞋。这样清纯的祖国学生装是当年的时尚，在台北街头格外引人注目。这对伉俪，一是台湾人，一是祖国大陆人；作为背景的台湾林家花园，则是一座中国古代庭园式建筑。在这张老照片里，画中人与庭园的文化渊源相映成趣，恰好隐喻张我军夫妇一生不变的民族情怀。

二

1926 年，张我军携夫人罗心乡回到北平。他考入中国大学文学系，后转入北京师范大学。同年 8 月，他拜访了中国大学文学系教授鲁迅，并带去刚发行的《台湾民报》第 113 至 116 期。这几期《台湾民报》现藏于北京鲁迅博物馆，其中刊载张我军译作《弱少民族的悲哀》（原著者为山川均，日共创建人之一），此文从政治、经济、教育三个层面阐释了日本在台湾施行的殖民政策。张我军在译后记里指出，山川均所写的，是"与咱们全岛民的死活有大关系的事"，"有许多自己所不知的，或知而不详的事"，"又有许多自己所不敢说的，或说而不说到痛快的话"。与此同时，远在莫斯科东方大学学习的谢雪红等台籍人士也读了这篇日文版论文。这篇反映台湾被殖民现状的论文引起了两岸知识分子的关注。

张我军可能是鲁迅认识的第一位台湾青年。关于这次会面，鲁迅回忆道：张我军悲愤地诉说道，"中国人似乎都忘记了台湾了，谁也不大提起"。我"当时就像受了创痛似的，有点苦楚；但口上却道，'不。那倒不至于的。只因为本国太破烂，内忧外患，非常之多，自顾不暇了，所以只能将台湾这些事情暂且放下。'"张我军曾这样描述日据时期台湾知识分子的心境："身在台湾而心在中国"，"他们无时不盼望着中国早日复兴从速收回台湾。等得不耐烦的，便逃回中国，参加革命协力建设"。张我军便是怀着这种心情回到祖国大陆的，其抗日激情和祖国情怀感动了鲁迅。

在北平，张我军与志同道合者合办进步刊物。1927 年，他与同乡宋斐如、苏芗雨、洪炎秋、吴敦礼等共同创办月刊《少年台湾》，张我军是主要执笔人之一。这份刊物反映了在北京的台湾学生对两岸同胞命运的关切之情。1930 年，

▲ 1927 年春，张我军（坐中）与在北京的台湾同乡洪炎秋（坐右）、吴敦礼（立左一）、宋斐如（立左二）、苏芗雨等创办《少年台湾》月刊

为开拓中国文学界荒芜的新野，张我军与北京师大同窗创办了《新野月刊》，自任主编。以后，张我军担任友人张深切创办的文学刊物《中国文艺》编辑。

　　张我军反复强调自己的中国人身份，他的文章从中华民族的立场思考中日关系，其行间字里透露着深厚的祖国情怀。他曾这样形容台湾民众风闻孙中山先生逝世的心情："消息传来我岛人五内俱崩，如失了魂魄一样，西望中原禁不住泪落滔滔了。"他真实记录了台湾民众对孙中山的特殊情感，更表达了台湾民众对祖国的无限热爱和向往。然而，张我军却花费大量精力于讲授日文、介绍日本文化（翻译日本文学名著及社会科学理论著作）、分析日本时局等。这究竟是为什么？1934 年，张我军创办月刊杂志《日文与日语》，他在此刊发表的几篇文章给出了答案。

1934年1月1日，《日文与日语》创刊号载张我军文《〈日文与日语〉的使命》。此文写道：

> 我国的存在，于日本有切肤的关系，所以日人拼命地研究我国，认识我国……日本的存在，一样地于我国也有切肤的关系，然而国人未闻有研究、正视、认识日本者……我们如果不图国家民族的存在则已，否则对日本的研究、正视、认识，是刻不容缓的了。
>
> ……
>
> 甲午战争以来的中日关系，我国始终处于消极的、被动的地位，学术文化方面如此，外交政治方面更如此，这恐怕是我国历次失败的最大原因。现在，我国已不堪再失败了，而若希望失败止于此，便须改历来的消极的、被动的地位为积极的主动的立场，确立一贯的大方针迈进。然而这里须有一个大前提，就是正视日本，研究日本，认识日本。

▲ 1932年，张我军接母亲（中坐者）从台湾到北京奉养时全家合影。前右为长子张光正，前左为次子张光直

张我军文《为什么要研究日文》，亦出现在《日文与日语》创刊号上。他说：

> 日本是我国的紧邻，其文化与我国有

二千年的历史关系……他们对我们表现凶猛的侵略，我们尤不得不研究其语言文字，借以研究其国情，以为抵抗的准备。

由于经费等原因，《日文与日语》杂志难以继续维持，而不得不停刊。1935年12月1日，《日文与日语》出版最后一期，张我军撰文《别矣读者》指出：

> 两年来，我是一面教书吃粉笔灰维持着生活，一方面运用余力为本志效劳的。……中日两国的关系，一天比一天密切，风云一天比一天紧急，我国的前途，完全系乎此际。……自今而后，国人首须努力研究日本，认识日本，一切才有办法，否则一味趋于感情作用，对日的问题，终成盲人瞎马之势，战则失败自无可讳言，和亦绝无成功之理。

张我军希望更多的中国青年掌握日文，认识日本，从而打败日本，这便是他致力于日语教学工作，研究、介绍中日关系的出发点。以后，在他那里学习日文的许多青年学生参加了中国人民抗日战争。

其实，投身于祖国抗日战场之台籍精英中的许多人专长是研究日本问题，比如在"陪都"重庆参加抗日工作的谢南光、宋斐如、李纯青等。李纯青说，我"是站在中国的立场去观察这个侵略中国的帝国主义国家。我研究（日本）的目的是为了要战胜敌人"。李纯青关于研究日本问题因由的解释，与张我军的说明如出一辙，这有助于我们更加客观深刻地认识台籍志士在各领域积极开展抗日工作的事实。

三

日本侵略者发动"九·一八"事变，侵占中国东三省，并将侵略魔爪一步步伸向华北。1935年，在"一二·九"学生抗日救亡运动中，北平学生发出一声怒吼——"华北之大，已安放不下一张平静的书桌了"。在学生游行队伍里，就有张我军任教的北京大学、北京师范大学等校学生。当时，日本谋划吞并华北，并进一步侵占全中国的企图，狼子野心，路人尽知。据与张我军共创新野社和《新野月刊》的友人叶苍苓回忆，他和张我军经常在一起议论时局，谈及日本帝国主义随时会发动对中国的侵略时，满怀忧愤，不禁潸然泪下。祖国所面临的险境，使张我军更加坚定地认为，帮助同胞认识敌国日本，是如此的迫切和必要，正所谓知己知彼，百战不殆。其后，他"费尽许多宝贵的光阴"，著述《标准日文自修讲座（1～5册）》，由乡友洪炎秋经营的北平人人书店出版。

1936年12月12日，为促蒋联共抗日，爱国将领张学良、杨虎城扣留蒋介石，发动西安事变。西安事变不仅是全中国的焦点，甚至成为全世界的关注点之一。12月15日，中共领导人毛泽东等就西安事变致电南京国民党、国民政府，表明支持张、杨的立场，并以日本对事变的态度——"彼日本者，自闻南京决定讨伐，兴高采烈，坚兵利甲，引满待发"——作为警示，告诫国民党当局勿入"螳螂黄雀之喻，亲痛仇快之讥"的歧途。最终，在中国共产党的调解下，西安事变和平解决，蒋介石接受"停止内战，联共抗日"的主张。

日本舆论界格外关注西安事变进展，张我军著文分析日本媒体的态度，希望能于同胞认识中国人民的敌人——日本侵略者——有所帮助。1937年1月30日，他提笔写下《西安事变与日本言论里的新动向》，此文于1937年2月刊于《实报半月刊》。文章剖析日本舆论界在西安事变和平解决前后迥然不同的态度——从否认中国的统一局面，到承认中国统一已有巩固的基础——并进一步阐明日本舆论界的新动向，即提倡采取新的对华政策。张我军指出，不可对日本新的对华政策抱有任何幻想。那么，如何应对日本的对华政策？他强调，"只有更加努力，完成统一工作"，"我们才能应付将来的一切而导国家于有利，才能不使友我者失望而敌我者称快！"张我军对祖国前途忧心忡忡，他关于西安事变的认识和剖析准确而深刻，他认为，西安事变带给我们的启示是全民族团结起来，共同抗击日寇，这才能无往而不胜。西安事变的和平解决，使抗日民族统一战线成为不可抗拒的大势。1937年中国人民抗日战争全面爆发后，张我军公开表示只有日本撤军才有和平。

20世纪40年代，张我军两度赴日本东京，出席"大东亚文学者大会"。会议期间，他们曾被带到日本皇宫前"参拜"。据参会的一位日本学者回忆，"一行人当中，只有张我军一个人扭过脸去，不向皇宫鞠躬哈腰，给我的印象很深。此人日本语讲得非常漂亮，也曾担任过翻译，但是像一个不好对付的人。"张我军在险恶处境下所表现出的民族气节和胆识，使这位正直的日本学者非常钦佩，多年以后，这位日本学者对当时的情景仍然记忆犹新。

两次日本之行，张我军结交了不少日本著名作家和学者，对其翻译和研究日本文学大有裨益，这应该是他赴日本参会的主要动机。关于张我军曾作为"大东亚文学者"代表的经历，张深切指出，悉张我军将启程赴日，对他表示不满，经他一番解释之后，不再反对了。洪炎秋则说，张我军在北平八年沦陷期，一直保持着"出淤泥而不染"的品格。凭借张我军出类拔萃的日文翻译功底，要想在沦陷区北平谋官职并非难事，

▲ 20 世纪 40 年代，张我军夫妇在北京西单手帕胡同口家门前合影

然而，沦陷的八年时光，他拒绝出任伪职。这印证了张我军是一位有骨气的文人。

张我军夫妇育有四子，先后在北平出世，他们希望孩子们塑造"正直诚朴"的品格，故而依此为四子取名。其长子张光正说，父亲"在北京的家，也便是台湾乡亲的家"。苏芗雨指出，"凡是到北京的乡亲，张先生（张我军）不论认识与否，都殷勤招待，亲切之情倍受称赞。"张我军热情豪爽的性格可窥一斑，甚至在自身经济窘迫之时，仍向同乡、友人伸出援手。北平的许多乡友曾得到他的帮助，比如苏子蘅、张深切、林海音、洪炎秋等。一位来自白洋淀的乡村男孩也获得张我军的资助，得以继续学业，并考上了上海交通大学。

1945 年 5 月，参加了八路军的张我军长子张光正，受命从晋察冀抗日根据地阜平潜回沦陷区北平。抗战胜利后，张我军和张光正一同出城，与八路军某部

▲ 1955 年，张我军逝世前 50 天在台北与家人合影。后立左一为三子光诚、左二为次子光直、左三为张光直未婚妻李卉、右一为四子光朴

▶ 2012 年 10 月 9 日，台盟中央举办张我军诞辰 110 周年座谈会，缅怀张我军在反抗日本皇民化、弘扬祖国文化运动中做出的贡献。中间左起：张宁、纪斌、林文漪、张我军之子何标（张光正）、黄志贤

的负责人见面。回城不久之后，张我军与共产党失去联系，遂于 1946 年带着家人返回故乡台湾。

对于张我军而言，故乡的一草一木是那样的可亲可爱，然而，他并不知道，回乡之程却是他与长子张光正的永别。从此，父子被海峡阻隔，音讯全无。回到光复后的台湾，张我军曾踌躇满志，希望办中文报刊，未遂心意。为养家糊口，这位惯于舞文弄墨的文人，不得不担任台湾茶商公会刊物《台湾茶业》、台湾合作金库刊物《合作界》主编。故而，友人张深切和洪炎秋称其"怀才不遇"。1955 年，张我军走完了短暂的人生，他留下的诗文向两岸同胞诉说着"一个台湾籍的中国人对中国的爱，对故土的爱，对人生的爱"。

后 记

本书共撷拾了 20 对台籍革命伉俪的人生故事。他们身份各异，包括新文化运动先驱、黄埔军人、新四军军官、革命家、政治家等。名曰伉俪，实则以台籍抗日志士为主线，其配偶所占篇幅略显单薄。由于笔者所掌握的资料有限，又不愿忍痛割爱，致使书中一些人物内容相对失衡。虽然如此，但并不影响本书所反映的台籍抗日伉俪爱国爱乡情怀这一主题。

谈家芳老、李玲虹老、顾励老均对本书给予支持和帮助，这令笔者受到极大的感动和鼓舞。96 岁高龄的谈家芳老多次接受笔者采访，提供了许多宝贵资料，书中有关李纯青当年参加地下革命工作的一些内容尚属首次披露。91 岁高龄的李玲虹老依然没有停下来，继续为两岸文化交流贡献力量，两年前还赴台参加纪念李伟光领导台湾农民抗日斗争的活动。

本书人物排序不分先后。因笔者才疏学浅，书中错谬之处在所难免，欢迎方家、读者朋友批评指正。作为台籍革命伉俪亲属的台盟中央主席苏辉女士，及周苓仲先生、林义旻先生、蔡宁先生、康东星女士等，对拙文表示肯定，这是对笔者莫大的鼓励。许多台籍革命伉俪亲属提供了珍贵资料和照片，台盟中央宣传部门更是早早策划、论证选题、积极推进，台海出版社一如既往地支持笔者。在此，表示衷心感谢！

2017 年 12 月 16 日